꺼지지 않는 불꽃 **시몬느 베이유**

꺼지지 않는 불꽃 시몬느 베이유

ⓒ 오현종, 2004

초판 1쇄 발행일 | 2004년 12월 8일
초판 3쇄 발행일 | 2007년 9월 14일

지은이 | 오현종
펴낸이 | 김현주
펴낸곳 | 이룸

출판등록 | 1997년 10월 30일 제10−1502호
주소 | 121−840 서울시 마포구 서교동 395−172 상록빌딩 2층
전화 | 편집부 (02)324−2347, 영업부 (02)2648−7224
팩스 | 편집부 (02)324−2348, 영업부 (02)2654−7696
e−mail | erum9@hanmail.net
Home page | http://www.erumbooks.com

ISBN 89−5707−131−8 (44990)
        89−5707−093−1 (set)

값 7,500원

청소년
평전13

꺼지지 않는 불꽃 시몬느 베이유

오현종 지음

이룸

차 례

1. 소녀, 아픔을 깨닫다

나비가 불쌍해요

시몬느와 앙드레는 들판에 핀 알록달록한 꽃들을 구경하며 앞서거니 뒤서거니 뛰놀고 있었다. 동생인 시몬느보다 세 살이 많은 오빠 앙드레는 시몬느보다 몸집이 조금 더 컸다. 다섯 살인 시몬느는 오빠 앙드레를 무척 따랐다. 앙드레도 몸이 자주 아픈 동생을 잘 보살폈다. 앙드레가 밖으로 나가는 문소리가 들리면 시몬느는 꼭 오빠를 따라 밖으로 쫓아 나가곤 했다.

"오빠, 저기 나비! 나비!"

시몬느는 노란 꽃잎 위에 앉아 있는 나비를 발견하고 몇 발짝 앞서

가던 오빠를 불렀다.

"어디? 어디에 나비가 있어?"

앙드레는 얼른 뒤를 돌아 시몬느의 손가락이 가리키는 곳을 쳐다보았다. 꽃잎 위에 다소곳이 앉아 있는 것은 바로 나비였다.

"자, 가만 있어 봐. 내가 잡아 줄게."

앙드레는 살금살금 다가가 엄지손가락과 가운뎃손가락으로 나비의 날개를 꽉 쥐었다.

"잡았다!"

"야, 나비다. 나비."

시몬느와 앙드레는 개구쟁이들답게 자리에서 팔짝팔짝 뛰었다.

앙드레는 잡고 있던 나비를 시몬느의 손바닥 위에 살그머니 놓아 주었다. 유난히 호기심이 많은 시몬느는 앙드레가 잡아 준 나비를 꼼꼼히 살펴보았다. 나비의 얇은 날개가 시몬느의 손바닥 위에서 파닥였다.

"얘들아, 뭐하니?"

그때, 두 아이를 따라온 어머니가 남매를 부르는 소리가 들렸다. 시몬느는 그 소리를 듣자마자 손가락으로 잡고 있던 나비를 얼른 놓아 주었다. 날개가 자유로워진 나비는 언제 잡혀 있었냐는 듯 날개를 움직여 짙푸른 나무 사이로 사라져 버렸다.

"뭐하고 있니?"

마주 서 있는 시몬느와 앙드레를 보고 어머니가 물었다.

"아무것도 아니에요."

시몬느가 고개를 젓자 쓰고 있던 커다란 밀짚모자도 함께 좌우로 흔들렸다.

"제가 나비를 잡았는데 시몬느가 놓아 줬어요."

앙드레가 이마의 땀을 닦으며 말했다. 약간 뾰로통한 눈치였다.

"왜? 왜 나비를 놓아 줬니?"

어머니의 말에 시몬느는 뭔가 생각하는 표정을 짓다가 "나비가 불쌍하잖아요." 하고 대답을 했다.

"나비가 죽으면 어떻게 해요. 죽으면 안 돼요. 불쌍해요."

갓난아기 때부터 맹장염과 편도선염 등 잔병에 시달려 온 시몬느지만 목소리만은 또랑또랑했다.

"그래, 시몬느의 말이 맞다. 생명이 있는 것은 다 소중한 것이지."

어머니는 시몬느의 머리를 쓰다듬었다. 전부터 동물과 곤충을 대하는 시몬느의 마음이 남다른 것을 알고 있었던 것이다. 시몬느는 어릴 때부터 몸이 자주 아파서 그런지 살아 있는 생물이라면 모두 조심스럽게 여겼다. 단순한 동정심과는 조금 달랐다. 조그만 곤충 하나라도 아프지 않기를 바라는 시몬느의 마음을 어머니는 이해할 수 있을 것도 같았다.

"자, 이제 그만 집에 가자. 해가 지겠어. 시몬느는 약도 먹어야지."

앙드레와 시몬느는 어머니의 말이 끝나기도 전에 각각 어머니의 팔을 잡아당기며 신나게 걸음을 옮기기 시작했다. 앙드레는 콧노래도 불렀다.

사실, 시몬느네 가족이 여름을 맞아 스위스로 휴양을 온 것은 시몬느 때문이었다. 시몬느의 아버지 베르나르 베이유는 파리에서 비교적 부유한 의사였지만, 시몬느는 태어나서부터 줄곧 병치레가 잦았다. 시몬느는 9개월 만에 조산아로 태어났다. 가족의 지극한 사랑과 관심도 시몬느의 여린 몸을 튼튼하게 해 주지는 못했다. 시몬느 때문에 걱정하던 시몬느의 아버지와 어머니는 스위스에서 여름 휴가를 보내기로 결정한 것이었다. 아름다운 자연과 맑은 공기 속에서 여름을 보내면 시몬느의 건강이 조금 좋아지리라는 희망 때문이었다.

스위스의 깨끗한 자연 덕분에 시몬느는 오빠와 함께 산과 들로 뛰어다니며 유쾌한 여름을 보낼 수 있었다. 그러나 여름이 지나고 다시 파리로 돌아오자마자 시몬느는 몸이 허약해져 다리를 절기도 했다. 감기 후유증이었다. 게다가 시몬느는 남달리 손이 매우 작아 평생 어린아이 같은 손으로 살 수밖에 없었다. 욕심 많고 총명한 시몬느였으나 어릴 때부터 달고 산 질병을 완전히 이겨 낼 수는 없었던 것이다.

시몬느의 조그만 몸에 가해진 육체적인 고통이 아니었더라면 시몬느는 부유하고 화목한 가정에서 밝고 명랑하기만 한 아이로 성장할 수 있었을지도 모른다. 육체의 병은 시몬느를 일생 동안 괴롭힌 가장 끈질기면서 나쁜 적이었다.

전쟁 속에 보낸 어린 시절

1914년 제1차 세계 대전이 일어났다. 전쟁을 일으킨 독일에 맞서서 프랑스를 비롯한 연합군은 치열하게 싸우기 시작했다. 시몬느의 가족은 군의관으로 입대를 한 아버지를 따라 파리에서 샤토 뇌프로, 또 망통에서 메이엔으로, 이곳저곳 옮겨 다니게 되었다.

전쟁 때문에 불안한 분위기에서도 시몬느와 앙드레는 단짝으로 붙어 다니며 같이 공부하고 놀았다. 가끔은 어머니를 골탕 먹일 만큼 짓궂게 장난을 치기도 하는 남매였다. 그러나 폭격을 맞은 집이며 군인들이 이송되어 치료받는 병원과 같은 낯선 풍경들을 보며 장난꾸러기 두 꼬마는 조금씩 어른스러워졌다. 전쟁은 아이들을 그냥 천진하기만 한 아이들로 내버려두지 않았다.

전쟁 속에 어린 시절을 보내던 시몬느와 앙드레는 가족이 없는 외로운 군인들과 편지를 교환하게 되었다. 무슨 일이든 열중하지 않고 못 배기던 남매는 편지를 주고받는 군인들에게 선물을 보내는 일에도 열심이었다. 군인들에게 설탕이 부족하다는 말을 어디선가 들은 시몬느와 앙드레는 어머니가 간식으로 주는 과자와 사탕도 먹지 않고 군인들에게 보냈다.

1915년 12월, 시몬느의 아버지는 후두염이 재발하는 바람에 사르트르라는 마을로 후송되었다. 시몬느의 가족 또한 아버지를 찾아 사르트르에 도착해 짐을 풀었다. 그리고 얼마 지나지 않아 시몬느의 집에 누군가가 시몬느를 찾아왔다.

"누구세요?"

아침 일찍 문 두드리는 소리에 시몬느의 어머니는 현관으로 뛰어나갔다.

"여기가 시몬느 양의 집입니까?"

"예, 맞는데요. 누구시죠?"

문 밖에 서 있는 사람은 군복을 입은 낯선 남자였다. 아직 소년티가 채 가시지 않은 나이 어린 군인이었다. 그는 시몬느의 어머니에게 꾸벅 인사를 하고 나서 자신이 시몬느와 편지를 주고받은 군인이라고 소개했다. 모처럼 휴가를 맞아 밖으로 나왔는데, 정성스러운 편지와 선물을 보내 준 시몬느에게 고맙다는 인사를 하고 싶다는 얘기였다.

"어머, 어서 들어오세요. 어서요."

시몬느는 말할 것도 없고, 시몬느네 가족 모두 그 군인을 반갑게 맞이했다. 꼬마 시몬느는 자신보다 훨씬 키가 큰 군인의 커다란 손을 잡고 신나게 거리를 쏘다니다 점심도 함께 먹었다. 그날만은 몸이 아파 늘 골골거리던 시몬느도 더없이 활기차게 떠들고 걸었다. 뭐든 궁금한 것이 많은 시몬느는 군인에게 이것저것 물어보았고, 군인은 그런 시몬느에게 꼬박꼬박 대답을 해 주며 웃음 지었다.

"오늘은 꼭 군인 아저씨 휴가가 아니라 시몬느 휴가 같네? 시몬느가 제일 신이 난 것 같으니 말이야."

시몬느의 어머니는 시내를 돌아다니다 집에 돌아온 시몬느와 군인에게 아껴두었던 차와 쿠키를 내주며 말했다. 젊은 군인은 뜨거운 차를 후후 불면서 수줍게 웃었다.

"시몬느처럼 어린 아이가 어떻게 그렇게 편지를 잘 쓰는지 궁금했어요. 시몬느의 편지는 천사가 보내 준 편지 같아요. 편지 쓰는 천사."

전쟁터에서 적군과 싸우기에는 너무 여리고 순해 보이는 청년이었다. 시몬느의 어머니는 다시 전쟁터로 돌아가야 하는 청년이 안쓰러워서 자꾸 쿠키를 권했다.

"아저씨, 내일도 놀러 오세요? 네?"

시몬느는 군인의 팔을 잡아 흔들었다.

"미안하다, 시몬느. 아저씨는 내일 아침 군대로 돌아가야 돼."

"안 돼요. 안 돼. 군대 가지 마요. 전쟁은 나쁜 거잖아요."

고집스러운 시몬느는 전쟁이 나쁘다는 것을 어디서 알게 되었는지 떼를 쓰며 가지 말라고 졸랐다.

"시몬느, 못써. 어디서 그렇게 떼를 쓰라고 했니. 네가 그러면 아저씨가 힘드시잖아."

"알았어요. 잘못했어요."

어머니에게 꾸중을 들은 시몬느는 군인의 손을 잡으면서 약속을 했다.

"아저씨, 제가 또 편지 보내 드릴게요. 다음번에는 시도 적어 보내 드릴게요. 아셨죠?"

시몬느는 벌떡 일어나서 앉아 있는 군인의 볼에 뽀뽀를 했다. 군인의 볼이 빨갛게 물들었다.

"오늘 시몬느 덕분에 즐겁게 지냈네요. 시몬느 어머니, 감사합니다."

군인은 아쉬워하며 작별 인사를 하고 시몬느네 집을 나섰다. 시몬느와 앙드레, 그리고 남매의 어머니는 모두 손을 오래 흔들며 군인을 배웅했다. 시몬느네 집을 나선 군인의 뒷모습은 점점 작아져 나중에는 조그만 점처럼 보였다. 시몬느는 군인의 모습이 완전히 사라질 때까지 집에 들어가지 않고 문 앞에 서 있었다.

개구쟁이 시몬느는 군인이 놀러 온 다음 날부터 편지를 쓴다고 편지지와 펜을 들고 부지런을 떨었다. 사람들을 만날 때마다 외워서 들려주곤 했던 애국시인 델르레드의 시도 편지에 함께 적어 넣었다. 어머니가 간식으로 준 조그만 초콜릿 조각도 군인 아저씨에게 선물로 보낼 거라며 손수건에 싸서 옷장 안쪽에 숨겨 두었다. 아주 신바람이 난 것 같았다.

그러나 시몬느가 아무리 기다려도 군인 아저씨의 답장은 오지 않았다. 전에는 편지를 보낼 때마다 꼭 답장을 보내 주던 친절한 아저씨였다.

"엄마, 왜 답장이 안 오죠? 아저씨 편지가 안 와요."

"곧 오겠지. 기다려 봐라, 시몬느."

"엄마, 오늘도 답장 안 왔어요?"

"안 왔는데?"

무슨 일인지 조바심을 내던 시몬느는 그로부터 얼마 후 아버지에게서 뜻밖의 소식을 전해 듣게 되었다. 시몬느네 집에 놀러 왔던 군인이 휴가를 마친 뒤 곧장 전투에 나갔다가 목숨을 잃고 말았다는 사실이었다.

군인의 전사 소식을 들은 시몬느는 자지러질 듯 울어 댔다. 죽음이라는 것을 한 번도 마주한 적이 없는 어린 꼬마에게 군인의 죽음은 너무나도 큰 충격이었다. 그것도 바로 얼마 전 함께 손을 잡고 점심을 나누어 먹은 아저씨가 세상에 없다니 도저히 믿을 수 없는 일이 아닌가.

"아니야. 아저씨가 죽었을 리 없어. 거짓말이야."

시몬느의 어머니는 발버둥 치는 시몬느를 꼭 끌어안았다. 어머니로서도 나이 어린 군인의 죽음을 뭐라 설명할 도리가 없었다. 시몬느가 울자 오빠인 앙드레도 따라서 찔끔찔끔 눈물을 흘렸다.

"시몬느, 울지 마라. 아저씨는 우리들을 위해 전쟁에서 싸우신 거야."

"그것 봐. 전쟁이 나쁜 거라고 내가 말했잖아. 그래서 가지 말라고 했잖아. 누가 아저씨를 죽였어!"

시몬느는 주먹을 꽉 쥐고 엉엉 울음을 터뜨렸다. 군인의 죽음은 어린 시몬느에게 큰 아픔을 안겨 준 것과 동시에 전쟁의 비극을 깨닫게 한 사건이었다. 어제까지 아무렇지 않았던 사람도 하루아침에 세상에서 사라지게 할 수 있는 게 전쟁이라는 괴물임을 시몬느는 아주 어린 나이에 알게 된 셈이었다. 갓난아기 때부터 자신을 죽음으로 몰고 가곤 했던 질병과 전쟁은 하나도 다를 게 없는 나쁜 적이라고 시몬느는 생각했다.

그날 밤 시몬느는 악몽을 꾸는 바람에 잠을 잘 자지 못했다. 꿈속에서는 커다란 포탄이 날아다녔고, 시몬느는 오빠 앙드레의 손을 잡고 이리저리 뛰었다. 몸이 약한 시몬느는 꿈속에서도 잘 달리지 못했다. 잠을 자는 시몬느의 이마에 식은땀이 송글송글 맺혔다.

천재 소년의 여동생

전쟁의 와중에도 유난히 총명했던 앙드레는 아홉 살이라는 어린 나이에 기하학 책을 보고 혼자 문제를 풀 만큼 천재성을 보이기 시작했다. 시몬느도 앙드레와 함께 라신과 코르네유의 희곡을 다 외워서 사람들에게 들려주는 총명함을 뽐냈지만 대부분의 사람들은 오빠 앙드레만을 '천재'라고 불렀다.

시몬느와 앙드레가 무럭무럭 커 가는 사이 참혹했던 전쟁도 끝이 났다. 전쟁을 일으킨 독일은 패배했고, 승리한 연합국에 의해 굴욕적인 베르사유 조약을 맺게 되었다. 전쟁이 끝나면서 군의관으로 참전했던 남매의 아버지 베이유 씨도 제대를 해서 가족은 다시 그리운 파리로 돌아왔다. 사실, 시몬느의 아버지는 청년 시절 무정부주의자였던 유대인이었다.

파리에서 학교에 들어간 시몬느는 앙드레에 못지않은 천재성을 보였다. 나이보다 두 학급 위로 편입했는데도 다른 학생들에게 뒤지는 법이 없었다. 시몬느는 특히 작문과 수학에서 빼어난 재능을 보였고, 정치학을 제일 좋아했다. 하지만 총명한 시몬느도 잘 해낼 수 없는 과목이 하나 있었는데 그것은 바로 미술이었다. 기형이라고 할 정도로 손이 작은 시몬느는 그림이나 지도를 잘 그리지 못해 무척 애를 먹어야 했다.

어릴 때부터 호기심이 많았던 시몬느는 공부를 너무 열심히 해서 몸이 허약해질 정도로 새로운 지식을 배우는 것을 좋아했다.

"시몬느는 오늘은 일찍 자렴. 열이 있으니까."

시몬느의 어머니가 방의 불을 끄려고 하면 시몬느는 고개를 설레설레 젓곤 했다.

"아니에요, 엄마. 책 조금만 더 읽구요. 지금 읽는 부분이 너무 재있어요."

시몬느는 오빠 앙드레와 경쟁이라도 하듯 공부에 몰두했다.

"시몬느, 넌 어떻게 빵보다 책을 더 좋아하니. 책 읽는 것처럼 빵을 먹으면 벌써 튼튼이가 됐겠다."

어머니는 총명한 두 남매 때문에 기쁘기도 했지만, 한편으론 시몬느의 건강 때문에 늘 마음을 졸여야 했다.

시몬느는 시를 줄줄 외우고 다닐 만큼 문학 작품을 즐겨 읽었다. 몸이 아파서 학교에 다니지 못하고 집에서 개인 교습을 받는 사이에 〈불의 요정〉이라는 동화를 쓰기도 했다. 그리고 불쌍한 사람들을 보면 그냥 지나치는 법이 없었다. 시몬느는 매사에 총명하고 남들이 보기에 특이한 아이였다.

시몬느보다 세 살이 많은 앙드레는 벌써 고등사범학교 입학시험에 합격을 했다. 앙드레는 어딜 가나 남들에게 천재 소년으로 불렸으므로 시몬느는 누구보다 오빠를 사랑하면서도 일종의 열등감 같은 것을 느낄 수밖에 없었다. 시몬느가 아무리 뛰어나도 '수학 천재 앙드레'의 동생일 수밖에 없다는 점이 마음에 들지 않았다. 그녀는 일찍부터 오빠보다 머리가 나쁘다고 생각하게 되었고, 그런 자신이 싫었다.

어릴 적에 한번은 집으로 놀러 온 손님이 앙드레를 보고 "앙드레는 천재로구나." 하고 감탄을 한 일이 있었다. 손님에게 칭찬을 받은 꼬마 앙드레는 제법 의젓한 표정을 지었다. 부모님도 자랑스러운 표정이었다. 앙드레의 옆에 있던 시몬느는 자신에게도 똑같은 말을 해 주겠지 하고 기다렸다. 그러나 그 손님은 시몬느에게 "시몬느는 참 예쁘지." 하고 칭찬을 할 뿐이었다.

시몬느는 손님이 집으로 돌아간 뒤 화가 나서 눈물을 글썽였다.

'나에게는 왜 오빠와 같이 천재라고 말하지 않을까? 나는 왜 예쁘다고, 귀엽다고만 할까? 나도 오빠처럼 똑똑한 사람이 되고 싶어!'

훗날 세계적인 수학자로 활동한 오빠 앙드레는 시몬느의 지적인 욕구를 자극하는 긍정적인 요인이 되기도 했지만, 반면에 부정적인 역할을 하기도 했다. 늘 천재 소년의 동생으로 있어야 하는 것이 욕심 많고 예민한 시몬느에게는 힘겨운 일이었다.

열등감과 실망 속에 지내던 시몬느는 열세 살 사춘기에 이르러 자살을 생각했다. 곧잘 앓아 눕는 병약한 몸과 오빠보다 못한 재능을 생각하자 인생이 절망적으로 느껴졌기 때문이었다. 열두 살부터 시작되어 평생 그녀를 따라다닌 두통도 나이 어린 그녀를 괴롭히는 문젯거리였다. 의사인 아버지조차 두통의 원인을 정확히 알 수 없었다. 불쑥불쑥 찾아오는 두통으로 시몬느는 머리가 깨질 듯 아팠다.

'진리를 얻을 능력이 없는 사람은 차라리 죽는 편이 나아. 나는 아무래도 안 될 거야. 이런 내가 싫어. 싫어!'

자신감을 잃은 시몬느는 곰곰이 죽음을 생각하다 잠들기 일쑤였다.

그렇지만 시몬느는 몇 개월간의 오랜 갈등 끝에 새로운 마음가짐을 갖게 되었다. 그것은 재능이 부족한 사람일지라도 마음을 다해 진리를 얻으려 하면 마침내 진리의 왕국에 이를 수 있을 것이라는 희망이었다.

깊고 어두운 터널을 지나 새롭게 출발하기로 한 시몬느는 진리를 얻기 위해 다시 공부에 전념했다. 열등감을 혼자 이겨 낸 시몬느는 자신도 모르는 사이 조금 더 강한 의지를 가진 소녀가 되어 있었던 것이었다. 시몬느는 자신의 재능이 부족하다는 생각에 1분 1초도 아깝게 낭비하지 않고 부지런히 공부했다. 남들은 시몬느의 그런 고민을 알지 못했고, 만약 알았다고 해도 잘 이해하지 못했을 것이다. 그렇지만 남들이 눈치 채지 못하는 열등감은 시몬느를 좀더 큰 사람으로 만들어 주는 밑거름이 되었다.

시몬느가 매사에 자만하지 않고 능력이 부족한 사람들의 처지에서 생각하는 습관을 갖게 된 것도 어쩌면 열등감을 이겨 낸 덕분인지 몰랐다. 시몬느는 앙드레에 못지않은 천재적인 학생이었으나 오만하지 않았다. 이기적이지도 않았다. 시몬느는 누구든 자기보다 머리가 나쁘거나 가난하다고 해서, 신분이 낮다고 해서 낮추어보지 않았다.

1925년 6월, 시몬은 열여섯 살의 어린 나이로 대학 입학 자격시험의 철학 부분을 통과했다. 뒤이어 10월에는 앙리 4세 고등중학교에 들어갔다. 프랑스의 최고 명문 학교인 고등사범학교 입학시험을 준비하기 위해서였다. 지적인 탐구를 향한 시몬느의 길은 이미 시작되고 있었다.

앙리 4세 고등중학교의 어린 철학자

시몬느가 복도 모퉁이를 돌아갈 때, 저만치서 여학생 몇 명이 떠들어 대는 소리가 들렸다.

"시몬느 걔 말야, 진짜 이상하지 않니? 옷차림도 괴상하고."

"그러게 말이야. 무슨 남자 양복같이 이상한 것만 입고. 거울도 안 보나?"

옷차림이며 머리 모양에 한껏 멋을 낸 여학생이 비웃듯이 말했다.

"부글레 선생님이 한 말 못 들었어? 시몬느는 무정부주의자랑 항공기 조종사를 합쳐 놓은 것 같다고 그랬잖아."

"와하하! 항공기 조종사라고?"

최신 유행 모자를 쓴 여학생이 입을 가리면서 웃음을 터뜨렸다.

"그래도 알렝 철학 선생님은 시몬느가 쓴 작문을 보고 엄청 칭찬했어."

"아, 그때 여섯 마리 백조 이야기 동화 가지고 작문했던 거?"

"응, 그래. 그거."

"잘 쓰긴 잘 썼더라. 똑똑하긴 무지 똑똑한 것 같은데 말하는 것도 좀 이상하고, 하여튼 괴짜야. 괴짜."

"난 시몬느 같은 애가 싫어. 꼴불견이야."

실컷 떠들어 대던 여학생들은 시몬느가 뒤에 와 있는 것을 발견하고 "쉿!" 하고 일제히 입을 다물었다. 그러나 시몬느는 아이들이 자신에 관한 얘기를 하는 줄도 모른 채 걸음을 옮기기에 바빴다. 알렝 선생의 철학 수업 시간에 공부한 발자크의 작품을 골똘히 떠올리며 걷던 참이었다. 여학생들은 바싹 마르고 키만 홀쭉한 시몬느가 성큼성큼 걸어가는 뒷모습을 바라보며 가슴을 쓸어 내렸다.

"휴우! 웃느라고 뒤에 와 있는 줄도 몰랐잖아? 하여튼 시몬느는 왠지 재수가 없어."

시몬느가 오빠 앙드레의 뒤를 이어 앙리 4세 고등중학교에 입학하기로 한 데에는 알렝 선생의 철학 수업이 큰 이유를 차지했다. 예상대로 알렝 선생의 철학 수업은 그런 시몬느의 기대를 저버리지 않았고,

시몬느는 그를 통해 넓은 철학의 바다에 이르게 되었다.

고등중학교 학생이 된 시몬느는 알렝 선생의 열정적인 수업을 통해 플라톤과 발자크, 칸트의 세계를 만났다. 호메로스의 《일리아드》와 마르쿠스 아우렐리우스의 《명상록》 같은 고전도 알렝 선생의 수업을 통해 공부하게 되었다. 시몬느는 철학 시적을 읽는 틈틈이 구약 성서와 신약 성서를 읽으며 가톨릭 신앙을 연구하기도 했다. 시몬느는 책 읽기과 글쓰기를 남달리 좋아했다.

알렝 선생은 플라톤과 데카르트와 칸트에 심취한 철학자였다. 알렝 선생의 철학은 훗날 시몬느의 삶에 많은 영향을 끼쳤다. 만일 알렝 선생이 아니라 다른 사람의 영향을 받았더라면 시몬느의 삶이 조금 다르게 변화했을지도 모를 일이었다.

시몬느는 다른 여학생들과 달리 차림새에 전혀 신경을 쓰지 않았다. 그렇지만 안경 너머로 빛나는 날카로운 눈빛은 그녀의 비범함을 한껏 드러내 주었다. 시몬느의 큰 눈은 뭔가 결의에 찬 것처럼 보이기도 했다.

시몬느가 멋을 내지 않는 데에는 나름대로 이유가 있었다. 늘 두통과 싸우며 공부에 빠져 사느라 그럴 만한 여유도 없었거니와, 다른 사람들이 자신을 여자로 대해 주길 바라지 않았기 때문이었다. 시몬느는 사람들이 자신을 하나의 인격체로 보아 주길 원했지, 숙녀로 대접해 주는 것을 원하지 않았다. 한편으로 그녀는 자신이 미운 오리 새끼처럼 못생겼다는 착각에 빠져 있기도 했다. 조금만 멋을 내면 백조처럼 예뻐질 수 있는 외모였음에도 시몬느는 그것을 알지 못했다. 또 관심을 두지도 않았다. 시몬느는 세상에 관심이 많았고, 그러기에 자기 한 사람의 외모를 치장하는 일은 무의미하다고 여겼다.

시몬느는 고등중학교에 입학한 다음 해에 알렝 선생의 철학 수업 시간에 〈아름다움과 선함〉이라는 글을 썼다. 알렝 선생은 시몬느가 제출한 글을 읽고서, 말할 수 없이 아름다운 글이라고 칭찬했다.

시몬느는 존경하는 알렝 선생의 칭찬에 몹시 흥분하여 집으로 돌아왔다. 그리고 책상 앞에 앉아 자신이 쓴 글을 다시 한 번 꼼꼼히 읽어 보았다. 처음 쓰기 시작할 때에는 머리도 아프고 잘 쓸 수 있을지 자신이 없었는데, 알렝 선생의 칭찬을 듣고 나서 보니 자신이 생각해도 그럭저럭 잘 쓴 글 같았다.

시몬느가 제출한 작문의 내용은 군대를 이끌고 사막을 횡단했던 알렉산더 대왕에 대한 이야기였다. 시몬느는 알렉산더 대왕이 사막을 건넌 뒤 몹시 목이 말랐으나 다른 병사들과 똑같이 물을 마시지 않았다는 얘기를 들어서 알고 있었다. 시몬느는 그 이야기를 가지고 선함에 대한 의무를 말한 것이었다.

시몬느는 자신이 적은 글을 손가락으로 짚으면서 다시 훑어보았다.

"만약 알렉산더 대왕이 물을 혼자 마셨더라면 알렉산더와 병사들 사이에는 장벽이 생겼을 것이다."

시몬느는 자신이 쓴 글을 소리 내어 읽어 내려가기 시작했다.

"남을 구하기 위해서 사람은 자기 자신을 구원해야 하고, 자기 자신 속의 영혼을 해방시켜야 한다. 그러기 위해서는 자기희생이 필요하다. 희생은 고통을 받아들이는 것이고, 자신 안에 있는 동물성을 거부하고 자발적인 고통을 통해 인간 모두의 고통을 구원하려는 자유로운 의지인 것이다. 모든 성인은 알렉산더와 같이 온당하지 않은 물을 마시기를 거부했으며, 자신을 인간의 고통으로부터 분리시키는 모든 정의롭지 않은 재물을 거부했다."

시몬느는 작문을 쓴 공책을 덮은 뒤에도 "남을 구하기 위해서는 자기희생이 필요하다"라고 중얼거렸다.

"자기희생. 자유의지. 자기희생."

시몬느는 빈 종이에 낙서를 하며 혼잣말을 했다.

도덕을 가장 높이 평가하는 알렝 선생의 사상과 어린 시절부터 낮은 곳을 향했던 시몬느의 생각은 함께 어우러졌다. 시몬느가 비로소 정신 세계를 형성하기 시작한 것이었다. 선과 도덕이야말로 순수한 아름다움의 극치라는 열일곱 살 시몬느의 생각은 그녀의 평생을 지배하게 되었다. 눈에 보이는 아름다움이 아닌 선한 행동에서 볼 수 있는 아름다움. 인간이 인간다울 때 스며 나오는 아름다움. 시몬느는 자신 역시 그런 아름다움을 가지고 싶다고 꿈꾸었다.

"벌써 밤 11시네."

샤토가 짧게 하품을 하며 말했다.

"그래?"

샤토의 말에 가뉘쇼도 흘끔 손목시계를 바라보았다. 옆자리에서는 요란한 옷차림을 한 여자 하나가 두 신사와 함께 포도주를 마시고 있었다.

"그래도 하던 토론은 마치고 돌아가야지."

차가운 공기에 조금 굳어 버린 빵 조각을 입 안에 넣으며 책을 뒤적이는 것은 시몬느였다. 토론을 즐겼던 시몬느와 르네 샤토, 그리고 자크 가뉘쇼는 빵과 치즈 따위를 싸 가지고 곧잘 카페에 왔다. 그들이 한번 모이면 자정이 넘을 때까지 이야기하기가 일쑤였다.

때로는 그들이 카페에서 노동자들과 어울릴 기회도 있었다. 시몬느와 친구들은 자신들이 명문 학교의 학생들이라고 해서 잘난 척하지 않았다. 그들은 노동자들과 함께 마주 앉아 이야기하고 값싼 포도주를 나눠 마셨다. 시몬느는 이미 어린 시절에도 하녀나 호텔 직원들과 이야기 나누는 것을 좋아하는 아이였다. 한마디로 남들이 보기에 조금 이상한 아이였다. 고등중학교에 다니는 동안에도 시몬느는 학교의 정원사나 사환들과 친하게 지내다가 야단을 맞은 일이 있었다.

"네가 말하는 그 인간의 의무라는 게 어떤 것인지 분명하게 와 닿지 않아."

가뷔쇼가 시몬느에게 말했다.

"그럼 철학적인 얘긴 그만두고, 아주 쉬운 말로 이야기해 볼게."

"그래, 어디 쉽게 말해 봐."

샤토도 오래 전에 식어 버린 커피 잔을 내려놓고 시몬느를 바라보았다.

"남아 돌아가는 식량을 가지고 있는 한 사람이 있다고 가정을 해 보자. 그런데 그 사람의 집 문 앞에 배가 고파 죽어 가는 사람이 나타났어. 죽어 가는 사람에게 먹을 것을 주지 않고 그냥 내버려 둔다면 그 사람은 아무 죄가 없는 걸까?"

시몬느는 안경 너머 눈동자를 반짝이며 말했다.

"누구라도 죄가 있다고 말하겠지."

가뷔쇼가 말했다.

"그래, 맞아. 이건 아주 간단한 얘기지만, 남을 구해 줄 기회가 있을 때 상대방을 굶주림의 고통에 내버려 두지 않는 건 인간에 대한 영원한 의무 중 하나라고 생각해."

시몬느의 말을 다 듣고 난 뒤 샤토가 말했다.

"그래서 그건 선행의 차원이 아니라 인간이라면 당연히 해야 할 의무라 이거지?"

"좋을 대로 생각해. 오늘은 나도 피곤하다. 그만 일어나자고."

시몬느는 생긋 웃으면서 자리에서 일어났다.

사회 운동에 관심이 많았던 시몬느와 친구들은 얼마 후 노동자들을 위한 사회 교육 단체에서 강의를 시작했다. 1927년 강의를 시작한 이래 가뉘쇼, 샤토, 시몬느 등이 강의를 맡았으며, 시몬느의 오빠 앙드레도 기꺼이 수학 강의를 해 주었다.

사회 운동에 첫발을 내디딘 가운데, 시몬느는 준비해 온 고등사범학교 입학시험에 합격했다. 작가 로망 롤랑, 철학자 사르트르, 베르그송 등이 졸업한 고등사범학교에 우수한 성적으로 입학하게 된 시몬느는 더 많은 것을 배울 수 있다는 꿈에 마음이 한껏 부풀었다.

'더 많은 것을 배울 수 있다면 사회를 위해 더 많은 일을 해낼 수 있겠지.'

시몬느는 더 깊은 지식을 얻는 동시에 막 출발한 사회 운동에 많은 노력을 기울이리라 다짐했다. 이제 시몬느는 어린 철학자가 아니라 자신의 신념을 행동으로 펼칠 수 있는 운동가로 성장하기 시작한 것이었다.

사회 운동가 시몬느 학생

"교수님, 여기에 서명을 좀 해 주십시오."

"뭐, 서명? 자네는 누군가?"

소르본 대학의 빅토르 바슈 교수는 커다란 종이를 들고 달려드는 키 큰 여자를 보고 깜짝 놀랐다. 강의를 마치자마자 난데없이 달려드는 통에 정신이 없었던 것이다.

"저는 고등사범학교 학생인 시몬느 베이유라고 합니다."

허름한 옷차림만 보아서는 학생인지 일꾼인지, 여자인지 남자인지 구별이 가지 않을 정도였다. 그나마 이지적으로 보이는 얼굴이 아니었더라면 하녀인 줄 알 뻔했다고, 바슈 교수는 속으로 생각했다.

"시몬느…… 베이유? 아, 시몬느 양, 자네의 악명은 들어서 알고 있지. 그런데 이건 또 뭔가?"

"악명이고 뭐고 간에, 여기 이게 교수님이 서명하실 종이입니다."

시몬느는 서명서를 든 긴 팔을 불쑥 내밀면서 말했다. 매우 급한 말투였다.

"아니, 시위도 아직 하지 않았는데 경찰이 사람들을 체포한다는 게 말이 됩니까? 그것도 노란 모자를 쓴 노동자들만 골라서 체포하다니요. 있을 수 없는 일입니다. 데모도 하기 전에 체포라니! 그래서 학생들과 교수들이 경찰의 체포 행위에 항의한다는 서명을 받고 있는 중입니다. 서명해 주십시오. 이건 시대의 양심이 아니라 의무입니다. 의무!"

벌써 흥분한 시몬느는 격한 음성으로 소리를 드높였다. 내성적인 것 같으면서도 정열적이고, 이지적인 것 같으면서도 엉뚱한 것이 시몬느의 성격이었다. 때로는 천진난만해서 어린아이 같기도 했다. 사람들은 그런 시몬느의 성격을 종잡을 수 없어 혀를 내두르곤 했다.

"그래? 어디 서명서 좀 볼까?"

시몬느가 서명을 받겠다고 들고 나선 서명서는 다른 것이 아니라 고등사범학교의 노란색 시험지였다. 노란 모자를 쓴 노동자를 잡아간 것에 대한 항의 표시로 노란색 시험지를 사용한 모양이었다. 항의이자 시몬느 식의 유머이기도 했다.

그런데 시몬느에게서 서명서를 건네받아 한 줄 한 줄 읽어나가던 바슈 교수의 얼굴이 갑자기 일그러졌다.

"아니, 이게 뭐야?"

"교수님, 왜 그러십니까?"

옆에 있던 바슈 교수의 제자가 뒤편에서 서명서를 건네다 보았다.

"이런 망발이 있나! 학생들과 교수들이라니! 어떻게 학생들의 이름을 교수들 앞에 쓸 수 있어! 학생이 먼저야 교수가 먼저야? 이런 뻔뻔하고 무식한 것들 같으니라고!"

고지식하고 형식을 중요하게 생각하던 당시 분위기에서 학생들의 이름을 먼저 쓴다는 것은 예의에 크게 어긋나는 일로 여겨졌던 것이다. 화가 난 바슈 교수는 시몬느를 꾸짖으며 펄펄 뛰었다.

"서명이고 뭐고, 썩 꺼지지 못해!"

"아아, 교수님, 야단을 치실 땐 치시고, 서명은 해 주셔야죠."

시몬느는 야단을 맞으면서도 끈질기게 서명을 요구했다. 이에 바슈 교수는 여전히 화를 내면서도 '학생들과 교수들'이라는 구절을 손톱으로 살짝 찢어 낸 뒤 서명을 해 주었다. 벌컥 화를 내긴 했지만 바슈 교수도 속으로는 시몬느의 행동이 옳다고 믿었던 것이었다.

시몬느는 그 후에도 학교 안에서 종종 서명을 받으러 다니거나 기부 금을 받으러 다녔다. 시몬느는 사회 운동에 열을 올리고, 각종 글을 통해 자신의 의견을 내는 등 좌충우돌 활약을 펼쳤다. 동에 번쩍 서에 번쩍 야생마처럼 뛰어다니는 시몬느는 이상주의자 같기도 하고, 혁명가 같기도 했다. 또한 그녀는 프랑스 식민지인 인도차이나에서 일어난 독립운동 기사를 읽고 식민지의 비극을 알게 되었다.

물론 시몬느는 다양한 철학자들의 사상을 익히는 데도 게으르지 않았다. 계획표를 짜서 철학자들의 사상을 체계적으로 공부하는 데 많은 시간을 보내는 등 공부에 욕심이 많은 학생이었다. 바른 행동을 위해서는 성숙한 지식이 뒷받침되어야 한다는 사실을 시몬느는 잘 알고 있었다.

시몬느의 튀는 행동 때문에 학교에서는 시몬느를 이해하는 사람들이 있는 반면에 욕하는 사람들도 있었다. 정해진 규범에서 벗어나지 않는 대부분의 학생들이 볼 때 시몬느는 쓸데없는 일에 열을 올리는 이상한 학생이었다. 시몬느는 열의가 지나친 나머지 가끔 실수를 저지르기도 했고, 현실적이지 못한 행동을 하기도 했다. 어떻게 보면 뭔가 불만에 차 있는 젊은이 같기도 하고, 어떻게 보면 천진난만한 소녀 같기도 했다.

"자기가 노동자도 아닌데 왜 자꾸 노동자를 들먹이며 떠들고 다니는 거야. 그렇게 노동자가 되고 싶어서 옷도 거지같이 입고 다니나?"

"대체 투사야 학생이야? 공부나 조용히 하면 될 것이지, 무슨 오지 랖이 그렇게 넓어? 남의 일은 다 참견하고 다니네."

그렇게 시몬느만 보면 눈살을 찌푸리는 학생들도 있었다. 또한, 고 등사범학교 부글레 교수와 시몬느의 관계도 고양이와 쥐처럼 기묘한 것이었다.

하루는 시몬느의 엉뚱한 행동에 애를 먹던 부글레 교수가 할 수 없 이 기부금 20프랑을 내면서 자신의 이름은 알리지 말아 달라고 신신당 부를 했다. 시몬느는 꾸벅 인사를 한 뒤 곧장 학교 게시판 앞으로 달려 가 이렇게 써 붙였다.

'우리 모두 주임 교수님을 본받아 실직자를 위한 자선기금에 익명으 로 기부합시다.'

시몬느는 게시판에 자기가 써 붙인 글을 확인한 뒤 여유만만하게 웃 고 도망쳤다. 어릴 때부터 곧잘 가족들을 곯려 주던 개구쟁이 시몬느 다운 장난이었다.

제1차 세계 대전

1914년 6월, 오스트리아 황태자 부부가 보스니아의 수도 사라예보에서 세르비아 청년에게 피살되었다. 세르비아 비밀결사에 의해 이루어진 이 사건을 사라예보 사건이라고 한다.

오스트리아는 이를 빌미로 세르비아를 타도하려 했고, 독일도 그것을 지지하고 나섰다. 오스트리아는 1914년 7월 28일, 세르비아에 선전 포고를 했다. 7월말부터 8월에 걸쳐 유럽 열강이 뒤이어 선전 포고를 하자 전쟁은 세계 대전으로 확대되었다.

독일은 단기전으로 승리를 노렸다. 그러나 프랑스에 의해 그 계획이 어긋나게 되었다. 동부전선에서는 러시아군을 물리쳤지만, 그 때문에 서부전선에서 병력의 일부를 빼낼 수밖에 없었다.

독일은 1915년 8월 폴란드의 바르샤바를 점령했다. 1915년 10월에는 불가리아가 독일을 지지했다. 1916년 2월에서 12월, 독일군 33만 명과 프랑스군 35만 명이 베르됭전투에서 사망했다. 1916년 6월에서 11월 사이에는 독일군 50만 명과 영국군 40만 명, 프랑스군 20만 명이 솜 전투에서 전사했다.

전쟁의 무거운 압박은 먼저 1917년, 러시아 혁명을 일으켰다. 러시아는 1918년 3월에 전쟁을 그만두었고, 10월에는 투르크가 휴전을 선언했다. 1918년 11월, 마침내 세계 대전은 독일과 오스트리아의 패전으로 끝났다. 전사자 약 1,000만 명이라는 막대한 희생은 과거의 전쟁에서는 찾아볼 수 없는 일이었다.

전쟁이 끝나면서 유럽의 주요한 왕조는 역사의 뒤편으로 사라졌다. 이것은 전쟁이 시작될 때 전혀 예상치 못했던 일이었다. 이로 인해 종속되어 있던 민족들의 독립운동이 강하게 일어나게 되었다.

2. 세상 앞에 서다

르 퓌의 철학 교사

파란만장하게 국립사범학교 시절을 보낸 시몬느는 스물두 살의 나이로 국립학교 철학 교사 자격시험에 합격했다. 107명의 지원자 가운데 합격자는 시몬느를 포함하여 열한 명뿐이었다. 노동 운동 운운하며 사방으로 뛰어다니던 시몬느가 어려운 시험에 합격한 것을 보고 놀라워하는 학생들도 있었다.

"시몬느, 정말 축하한다. 드디어 철학 교사가 되었구나."

"넌 정말 누구보다 좋은 교사가 될 거야."

가족들도 시몬느의 일을 뛸 듯이 기뻐했다. 그러나 시몬느는 마냥 기쁘기만 한 표정이 아니었다. 시몬느에게는 남에게 말할 수 없는 비장한 각오가 있는 듯했다.

시몬느는 마침내 철학 교사의 자격으로 르 퓌라는 도시로 떠나게 되었다. 르 퓌 국립여자고등학교의 철학 교사로 사회에 첫발을 내디딘 것이었다. 짐을 싸 가지고 파리를 떠나는 시몬느는 학생들을 만날 생각에 가슴이 뛰었다.

학교를 졸업하자마자 열의를 가지고 강단에 선 시몬느는 학생들이 보기에 무척 엉뚱한 교사였다. 처음에는 스웨터를 뒤집어 입고 나타날 만큼 옷차림에 무신경한 시몬느를 학생들은 우습게 여기기도 했다. 그렇지만 시몬느의 태도를 낯설어하던 학생들도 그녀의 강의를 듣고 나서는 마음을 바꾸게 되었다. 철학과 그리스 어와 예술사를 가르치는 시몬느의 깊은 지식과 진지한 자세에 학생들의 마음이 움직인 것이었다. 르 퓌의 학생들은 열의에 찬 젊은 선생 시몬느의 강의를 좋아했다. 진심은 결국 통하는 법이었다.

알렝 선생의 영향을 받은 시몬느의 집 침실에는 늘 데카르트의 책이 펼쳐져 있었다. 시몬느는 수많은 책 속에 파묻혀 강의 준비를 했다. 그녀를 줄곧 괴롭혀 온 두통은 더욱 심해져서 시몬느는 좀처럼 고통에서 벗어날 수가 없었다. 게다가 시몬느는 검소한 생활을 한다고 일주일 내내 으깬 감자 한 가지만을 조금씩 먹으며 지내기도 했다.

1930년대 초는 전 세계가 경제 공황으로 술렁거리던 시기였다. 노동자들의 임금 수준은 바닥까지 내려갔고, 거리는 실업자들로 넘쳐났다. 끼니를 거르며 배고픔에 시달리는 사람들도 한둘이 아니었다. 프랑스의 경제난이 극에 달한 1933년에 이르러서는 실업자가 120만 명을 넘어서게 되었다. 프랑스 노동자들에게는 그야말로 최악의 시대였다. 그런 상황에서 혼자 배불리 먹는다는 것은 시몬느에게 있을 수 없는 일이었다.

'나만 배불리 먹을 수는 없어. 시대의 고통을 함께 나누어야 해.'

시몬느는 자신이 받은 월급을 실업자들에게 나누어 주었다. 누구보다 공부 욕심, 일 욕심이 많은 시몬느였으나, 옷이나 음식에 대한 욕심이라고는 눈곱만큼도 없었다. 실업자들의 현실을 몸소 겪어 보겠다고 실업자 수당인 하루 5센트만을 가지고 생활한 적도 있었다.

시몬느는 늦은 밤 공책을 펼쳐 놓고 앉아 펜으로 또박또박 적었다.

'행복한 사람에게 누군가를 사랑한다는 것은 불행에 빠져 있는 그 사람의 괴로움을 나누어 가지려는 것이다.'

시몬느는 학생들에게 강의하랴, 노동조합 운동에 앞장서랴 정신없이 바쁜 나날을 보냈다. 실업자들을 위한 투쟁에 앞장선 시몬느를 두고 '모스크바의 간첩'이라는 둥 말도 안 되는 거짓말로 욕하는 사람들도 적지 않았다. 강인한 시몬느는 그런 것에 굴하지 않고, 줄기차게 노동자들을 위한 활동을 펼쳤다. 시몬느는 어릴 때부터 남의 시선을 크게 신경 쓰지 않는 사람이었다.

르 퓌에 찾아와 시몬느의 가난한 생활을 본 어머니는 깜짝 놀랐다. 원래 검소한 시몬느였으나 그 정도로 굶주리며 지내는 줄은 몰랐던 것이다.

"시몬느, 창문에 얼음이 얼었구나. 이런 방에서 잠이 온단 말이니? 이러다 폐렴이라도 걸리면 어쩌려구! 나 원 참, 찬장은 텅 비어 있고……. 대체 뭘 먹고 사는 거니?"

"어떻게 살긴요. 아주 잘 살고 있지요. 가르치는 아이들은 모두가 너무 예쁘고 총명해요. 한 명 한 명이 다 다른 꽃잎을 가진 꽃송이 같지요. 그런 아이들에게 철학을 가르칠 수 있다는 게 행운이에요. 그리고 이곳엔 정말 할 일이 많아요. 잠잘 시간도 없답니다. 너무 고단해서 베개에 머리를 대자마자 바로 잠이 와요. 아 참, 엄마가 오실 줄 알았으면 미리 청소라도 해 놓는 건데……."

시몬느는 찌그러진 주전자에 물을 끓이기 시작했다. 아마도 찬장에 조금 남아 있는 커피나 코코아를 대접하려는 모양이었다.

"시몬느, 교사 월급은 다 어디다 쓴 거니?"

"월급이요? 아, 월급. 정말 쓸 데가 많죠. 왜 그렇게 돈 쓸 일이 많은지……. 음…… 엄마, 차 좀 드시겠어요. 뭐 다른 건 대접할 것도 없고……. 에고, 그러고 보니 설탕이 다 떨어졌네요."

어머니는 시몬느의 딴청에 분통이 터질 지경이었으나 함부로 화를 낼 수도 없었다. 누구도 말리지 못하는 시몬느의 고집을 가장 잘 알고 있었기 때문이었다.

"다른 말 말고 오늘 저녁은 밖에 나가서 먹자꾸나. 르 퓌에 어디 좋은 식당이 없니? 영양가 있는 걸 좀 먹이든지 해야지…… 몸이 바싹 말라 당장 쓰러질 것 같다. 꼭 폐병 환자 같아."

"엄마, 농담 마세요. 요즘 굶고 있는 노동자들이 얼마나 많은데요. 나 같은 사람이 못 먹어서 쓰러졌다면 말도 안 되는 얘기죠. 난 커피도 마시고 코코아도 마시고 감자도 먹고…… 또 바게트도……."

"그만 해라! 넌 어쩌면 그렇게 부모 생각은 눈곱만큼도 안 하는지 모르겠구나. 네가 이렇게 냉방에서 굶고 있다는 걸 네 아빠가 아시면 얼마나 마음이 아프시겠니……. 이건 돈을 보태 준대도 싫다, 하녀를 고용해 준대도 싫다, 다른 집을 얻어 준대도 싫다, 모두 싫다는 말뿐이로구나."

어머니가 보기에 시몬느의 생활은 가난한 노동자보다 나을 것이 없는 수준이었다. 어릴 때부터 잔병치레를 하며 자라 온 시몬느이기에 어머니의 걱정은 이루 다 말할 수 없을 정도였다. 하지만 어머니로서도 시몬느의 고집을 꺾을 수는 없었다.

누구보다 현명하고 자상했던 시몬느의 부모는 시몬느를 걱정하면서도 그녀가 하는 일을 말리지 않았다. 시몬느가 옳다고 믿는 일이 있고, 그 일을 위해 희생하는 것이라면 막아서는 안 된다고 믿었기 때문이었다. 시몬느의 부모는 도움을 절대 받지 않으려는 시몬느 때문에 눈에 보이지 않는 도움을 주려 많이 애를 썼다. 그러나 그것마저도 쉽지 않을 때면 걱정으로 밤을 새우기 일쑤였다.

어머니는 자포자기한 채로 시몬느의 오빠 앙드레에게 편지를 썼다.

"시몬느의 아파트에 가 보니 불기운이라고는 전혀 없는 얼음장이더구나. 기온이 영하 3, 4도인데 벌써 두 주일이나 그렇게 지냈다는 거야. 게다가 먹을 것은 한 가지도 없었어. 시몬느는 정오가 되어서야 식당에 가서 간단한 아침밥을 먹고, 저녁에는 날감자나 코코아 한 잔을 먹으면서 견디는 모양이다."

아들 앙드레에게 편지를 쓰는 내내 어머니는 눈시울을 적셨다. 몸이 허약한 시몬느가 사서 고생을 하는 것이 못내 가슴 아팠던 까닭이었다. 유복한 가정에서 엘리트로 자라 온 시몬느였기에 마음만 먹는다면 얼마든지 편안하게 살 수 있었다. 그러나 시몬느는 어린 시절부터 그런 것에는 전혀 관심이 없었다. 시몬느가 중요하게 생각하는 가치는 선(善)과 진리뿐이었다.

한번은 시위에 앞장섰던 시몬느가 경찰의 심문을 받은 일이 있었다. 시몬느는 자신이 옳은 일을 한다고 믿었기 때문에 겁먹지 않고 당당하게 맞섰다. 옳은 일이라면 경찰 앞이든 대통령 앞이든 무서울 게 없다는 게 시몬느의 믿음이었다.

"시몬느 교사, 지난번에 실직자들을 끌고 시 참사회 회의장에 갔

지요?"

경찰은 아주 귀찮고 짜증스럽다는 듯 인상을 찡그렸다. 경찰의 생각으로는 프랑스에서 가장 좋은 학교를 졸업한 여선생이 가난한 사람들과 몰려다니며 데모를 하는 게 이해되지 않았다. 노동자 어쩌고저쩌고 하는 글을 여기저기 써 대는 것도 이상하기만 했다. 이 여자는 정말 소문대로 모스크바 간첩인가? 경찰은 물론 르 퓌의 공직자들에게 시몬느는 골치 아픈 존재였다.

"예, 그랬는데요. 시민이 시장을 만나러 가면 안 되는 겁니까?"

"아, 이봐요. 공부도 할 만큼 한 사람이 뭐 하러 노동자들을 끌고 난동을 부립니까?"

"난동이라니요?"

경찰 앞이라고 해서 할 말을 못 할 시몬느가 아니었다.

"아, 그것보다도……"

경찰은 화제를 바꾸어 다시 물었다.

"시몬느 선생, 회의장에서 나온 다음 노동자들하고 어울려 카페에 간 게 사실이오?"

"네, 그러면 안 되나요?"

"뭐, 뭐라구요? 지금 르 퓌의 선량한 시민들이 당신의 행동 때문에 얼마나 당황하고 있는지 아시오? 처녀가 말이오, 그것도 멀쩡한 여교사가 남자들과 한데 어울려 카페에 가다니, 같이 어울려 시시덕거리며 얘기를 나누다니, 그래도 되는 거요?"

남자와 여자, 부자와 노동자의 구분이 뚜렷했던 당시 분위기에서 시몬은 별종 중의 별종으로 여겨졌다.

"왜 안 된다는 거지요?"

시몬느는 보수적인 르 퓌의 분위기를 알면서도 일부러 시치미를 뗐다. 시몬느가 생각하기에 계급이나 남녀 구별에 따라 어울리지 못한다는 것은 너무나 구시대적인 발상이었다.

"아이고, 당신은 창피한 것도 모르오? 불명예스러운 것도 모르는 여자가 애들을 가르치다니……. 학생들이 뭘 보고 배울지 정말 의심스럽구먼."

오히려 쩔쩔매며 얼굴이 달아오르는 경찰을 보고 시몬느는 터져 나오는 웃음을 간신히 참아야 했다.

"게다가 채석장에서 돌 쪼는 인부와도 악수를 했다구요? 그런 남부끄러운 일이 또 어디 있습니까?"

경찰은 더욱 목소리를 높여 시몬을 다그쳤다.

"그럼 채석장 인부 말고 경관님과 악수를 할까요?"

시몬은 불쑥 오른손을 내밀었다.

"뭐, 뭐, 뭐라구요?"

"그런 질문이라면 사생활 문제이니 경찰에 대답할 일이 아니겠지요. 저는 강의 준비에 바빠 이만 가보겠습니다."

시몬느는 당황해하는 경찰을 내버려두고 성큼성큼 경찰서를 빠져나
왔다.

노동자들 편에서 신문과 잡지에 글을 발표하고 노동 운동에 앞장서
는 시몬느에게는 적이 많았다. 때문에 학교를 그만두어야 할 위기에
처한 적도 많았다. 그때마다 시몬느는 당당하게 맞섰으나 쉬운 일은
아니었다.

하루는 르 퓌 국립여자고등학교의 학부모 한 사람이 교장을 찾아와
이런 이야기를 하기도 했다.

"교장 선생님, 시몬느 선생에 대한 소문 들으셨습니까?"

학부형은 몹시 걱정스러운 표정을 지었다.

"무슨 소문이요?"

"정말 말씀드리기도 민망한 얘깁니다만, 이건 그냥 내버려두고 있을
수가 없는 일이라서요. 시몬느 선생의 어머니가 유명한 혁명가라면서
요. 그래서 어릴 때부터 시몬느 선생을 공산당 모임에 데리고 다녔다
면서요. 게다가 오빠는 무서운 폭력 조직의 단원이래요. 여동생도 유
명한 공산당원하고 결혼했고, 남동생은 인도에서 간디하고 폭동을 일
으킨 주범이라네요. 교장 선생님은 그런 얘기 못 들으셨습니까?"

학부모는 말을 하면서도 무서워 죽겠다는 듯 몸을 떨었다.

"어머님, 자, 자, 진정하세요. 여기 뜨거운 커피부터 좀 드시구요."

교장 선생의 말에 학부모는 누가 들을까 무서운 듯 교장실 문을 쳐다보며 말했다.

"정말 무서워요, 교장 선생님. 그런 무서운 여자 밑에서 우리 아이가 공부하고 있다니…… 무서워 죽겠어요."

몸에 꼭 맞는 옷을 잘 차려입은 학부모는 레이스가 달린 손수건을 꺼내 이마를 닦았다.

"그건 아닙니다. 시몬느 선생이 노동 운동을 하고 있는 건 다 아는 사실이지만, 공산당은 결코 아닙니다. 집안도 그런 공산당 집안이 아니구요."

"모스크바와 접선하는 여간첩이라는 말도 사실이 아니라는 말씀이세요?"

학부모가 눈썹을 치켜올리며 물었다. 여전히 믿을 수 없다는 말투였다.

"네, 네, 그건 제가 보장하겠습니다. 어머님, 안심하고 돌아가세요."

솜사탕처럼 부풀어 오르는 소문 속에서는 오빠밖에 없는 시몬느에게 여동생과 남동생까지 있는 셈이었다. 그녀를 뒤따라 다니는 허황된 소문은 너무나 엉뚱해서 도리어 웃음이 나올 정도였다.

다행히 시몬느는 매번 그녀를 따르고 신뢰하는 학생들 덕분에 계속 교단에 설 수 있었다. 학생들은 열정적인 교사 시몬느를 좋아했고, 시험에서 좋은 성적을 거두었다. 학생들의 지지를 받은 시몬느는 보람을 느꼈다. 게다가 시몬느의 활동 덕분에 실업자들은 임금이 인상되고 여러 가지 혜택을 받는 등 성공적인 결과를 얻기도 했다.

그런 와중에 시몬느는 육체적인 피로를 아랑곳하지 않고 르 퓌에서 세 시간 거리의 생 테티엔으로 가 노동자들을 위한 강의까지 맡아 했다. 프랑스 어 및 정치경제학 강좌였다. 몸이 열 개라도 모자랄 만큼 책임져야 할 일이 많았지만 그녀는 기꺼이 일했다. 자신의 월급으로 책을 사서 노동자들에게 나누어 주기도 했다. 기차역까지 무거운 책들을 운반하는 일도 보통 힘겨운 일이 아니었지만 시몬느는 자신이 원해서 하는 일이기에 단 한 번도 불평하지 않았다. 그것은 노동자들도 충분한 지식을 얻어야 한다는 평소의 믿음 때문이었다. 시몬느는 노동자가 알지 못하면 일터를 개선할 수 없다고 생각했다.

하루 일과를 마치고 집에 돌아온 시몬느는 펜을 들고 원고를 써 나가기 시작했다. 좀처럼 쉬지 못해 건강은 점점 나빠지고 있었으나 쉴 여유가 없었다. 일 욕심에 관해서 그녀는 둘째라면 서러울 사람이었다. 남들이 힘들어서 안 하는 일일수록 더욱 앞장서는 그녀였다.

'평등과 불평등의 결합은 가능성의 평등에 의해서 만들어진다.'

시몬느는 언제 발표될지 모르는 원고를 줄기차게 써 나갔다. 하루 종일 바쁘게 일하느라 변변한 음식도 먹지 못해 뱃속에서 꼬르륵 소리가 들렸다. 시몬느는 차라도 한 잔 끓여 마실까 하다가 그만두고 조그만 손으로 펜을 꼭 잡았다.

'교육이 충분히 보급되어서 누구든지 태어난 환경으로 인해 능력을

빼앗기는 일이 없게 되면, 희망은 아이들에게 똑같은 것이 될 것이다.'

시몬느는 원고를 한 줄 한 줄 적어 나가면서 소작인의 자식도 미래에는 장관이 될 수 있는 세상을 만들어야겠다고 굳게 다짐했다. 누구나 평등한 교육을 받을 수 있다면 어떤 사람이라도 똑같은 가능성을 갖게 되는 셈이라고 그녀는 믿었다.

'가난한 사람의 자식이라고 해서 자신의 능력이나 노력과 상관없이 평생 가난하게 사는 사회는 잘못된 사회이다. 장관의 자식도 자신이 노력하지 않으면 소작인이 될 수 있는 세상이 바른 세상이지. 미래는 타고난 신분이 아니라 자신의 노력으로 만들어야 해. 미래의 아이들은 계급 차별이 없는 세상에서 살게 해야지. 그게 바로 교육의 힘이야.'

시몬느는 졸린 눈을 비비며 계속 원고를 써 나갔다. 그녀에게는 원고로 정리해 놓고 싶은 생각들이 늘 넘쳐났다. 시몬느에게는 세상을 향해 하고 싶은 말이 무척 많았다. 자신이 무언가 말하고 글 쓰고 행동해서 사회를 조금이라도 변화시킬 수 있다면 더 이상 바랄 것이 없을 것 같았다.

독일 여행

대문 밖을 나선 시몬느는 책 한 권을 들고 식당을 향해 천천히 걸어갔다. 시몬느가 식사를 하러 가는 낡고 조그만 식당은 그녀가 묵고 있는 집에서 2분 거리에 있었다.

'독일의 겨울은 뼛속까지 파고드는 추위가 몹시 무섭다지.'

시몬느는 여름에 독일로 여행 오기를 잘했다고 생각했다. 오늘은 햇볕도 적당하고 바람도 알맞게 불어서 길가에 놓인 탁자에 앉아 점심을 먹으면 두통이 싹 사라질 것 같았다.

시몬느는 식당 앞 노천 탁자에 앉아 점심 식사를 주문했다. 매일 똑같이 빵과 소시지 2개에 오이 피클 약간이었다. 하지만 베를린에서 이곳처럼 고작 10페니히에 식사를 해결할 수 있는 식당을 찾아낸 일이 얼마나 다행스러운 일인지 몰랐다. 싼 가격에 비하면 음식 맛도 그럴듯했다. 시몬느는 이런 소박한 식사로도 충분히 만족했다.

"당케."

시몬느는 접시를 들고 온 식당 주인에게 감사 인사를 했다. 조금 무뚝뚝해 보이기는 하지만 늘 성실하게 일하는 식당 주인은 접시를 내려놓고 식당 안으로 사라졌다. 시몬느는 들고 온 책을 몇 장 읽다가 빵을 조금씩 뜯어 먹기 시작했다. 오래된 의자는 시몬느가 몸을 움직일 때마다 삐걱이는 소음을 냈다. 식당 안과 시몬느가 옆 탁자에서 점심을 먹는 사람들은 모두 낡은 옷차림을 한 노동자들이었다. 시몬느는 이런 소박한 풍경이 편안하고 마음에 들었다. 오히려 시몬느는 부자들의 위선이나 거들먹거리는 표정, 쓸데없는 예의 따위는 매우 불쾌했다.

'음, 독일 소시지는 정말 맛있어.'

독일로 여행을 온 지 얼마 되지 않았으나 르 퓌에서 지칠 대로 지친 몸이 조금 상쾌해진 느낌이었다. 늘 두통에 시달리면서도 보통 사람 열 명이 해도 모자랄 일을 열정적으로 해 왔지만, 언제나 모자란 느낌이었다.

시몬느는 혼자 빵을 뜯어 먹으며 거리를 걷는 독일 노동자들을 살펴보았다. 비교적 한산한 거리가 평화롭게 보였다. 이런 조용한 나라 한구석에서 암살과 시가전이 벌어지고 있다는 게 믿어지지 않을 정도였다.

짭짤한 소시지를 나이프로 잘라 먹던 시몬느는 문득 자신이 세 들어 있는 집의 아이들을 떠올렸다. 아이들은 집주인이 직장을 잃은 까닭에 늘 굶주려 있었다. 그 아이들을 볼 때마다 시몬느는 마음 한구석이 저려 오는 것을 느꼈다. 한참 자랄 나이에 마른 빵조차 실컷 먹지 못하는 아이들을 생각하자 음식이 잘 넘어가지 않았다.

'내가 적게 먹으면 아이들이 배고프지 않게 해 줄 수 있을 텐데……. 내일부터는 집주인이 먹을 것을 차려 줄 때 아주 조금만 먹고 남겨야겠다. 그러면 아이들이 더 먹을 수 있을 테니까.'

시몬느는 점심을 먹고 집에 돌아가면 부모님께 안부 편지를 드려야겠다고 마음먹었다. 마치 폭풍 전야와 같은 독일로 떠난 딸을 걱정하고 계실 것이 뻔하기 때문이었다.

사실, 시몬느가 2개월 동안 휴가를 얻어 베를린에 온 것은 여행을 즐기려는 목적이 아니었다. 당시 독일에서는 나치의 세력이 조금씩 확

산되고 있었다. 히틀러가 미처 권력을 잡고 있지는 못했지만, 시몬느의 생각에 나치즘은 곧 독일을 집어삼킬 것 같았다. 독일의 현재 상황을 눈으로 정확하게 파악하고 싶었던 시몬느는 안전을 걱정하는 부모님의 만류를 뿌리치고 독일의 베를린으로 건너온 것이었다. 시몬느의 부모는 유대인인 시몬느가 반유대주의가 팽창하고 있는 독일에 간다는 것이 몹시 불안했다.

1932년 여름, 시몬느는 세상에 무서울 것이 없는 스물세 살의 나이였다. 어떤 사람들은 시몬느를 투사라고 불렀고, 어떤 사람들은 성자라고 불렀으며, 또 어떤 사람들은 정신 나간 여자라고 불렀다. 시몬느는 사람들이 자신을 외계인이라고 불러도 웃고 넘길 만큼 자기가 하는 일에 자신감이 있었다. 시몬느는 감수성이 예민했지만, 일을 추진할 때는 배짱이 두둑했다.

독일의 현실을 직접 보고 듣고 프랑스로 돌아와 오세르 고등여학교로 자리를 옮긴 시몬느는 부지런히 자신의 생각을 글로 써 발표했다. 시몬느는 독일 노동자들의 문화 수준이 프랑스에 비해 높은 것에 감탄하면서도 독일의 미래에 대해 비관적이었다. 히틀러의 세력이 점차 확장되는 것을 걱정하기도 했다.

그리고 그런 시몬느의 예상대로 시몬느가 독일 여행을 다녀온 다음 해인 1933년 1월, 히틀러는 독일 정부의 수상이 되어 실권을 장악했다. 나치가 권력을 잡으면서 독일이 광기의 도가니로 빠져드는 것도 한순간일 듯 싶었다.

히틀러의 손아귀에 들어간 독일은 시몬느가 우려했던 대로 혼란 속으로 빠져 들어갔다. 순식간에 일어난 일이었다. 노동 운동을 했던 사람들과 유대인들은 속속 독일에서 도망쳐 나왔다. 다른 나라로 망명하지 않으면 수용소에 갇히거나 심한 고문을 당할 것이 뻔하기 때문이었다. 독일의 참

상을 누구보다 잘 알고 있는 시몬느는 독일 망명자와 피난민을 돕는 일에 앞장서지 않을 수 없었다. 또한 그런 활동과 함께 각종 지면을 통해 자신의 주장을 발표하는 일을 계속했다. 시몬느는 나치즘과 파시즘, 공산주의, 모두의 문제점을 날카롭게 비판했다.

세계가 불안 속에서 위험하게 돌아가는 모습을 지켜보던 시몬느는 밤마다 펜을 들고 발표할 논문을 쓰기 시작했다. 눈에 보이는 문제점들을 그냥 내버려 둘 수 없기 때문이었다. 시몬느는 매일 밤 졸음과 싸웠다. 나치에게 핍박받는 선량한 사람들을 생각하면 편안히 잠을 잘 수가 없었다. 자신이 가지고 있는 유일한 도구인 펜을 이용해서 세상이 잘못된 방향으로 가고 있는 것을 막고 싶었다.

'마르크스의 방법을 마르크스가 적용할 수 있었던 것은 마르크스 자신의 시대였을 뿐이고, 오늘날 그 방법을 이 시대에 적용시키는 것은 우리 자신이다. 그런데 우리는 과거의 예언이 이 시대에 들어맞지 않는다는 사실을 깨닫지 못하고 있다. 그것은 몸은 현재에 살고, 정신은 이미 지나간 1차 대전 직후의 시대에 살고 있는 것과 같다.'

그리고 모임에서 발표하기 위한 선언문도 작성했다.

'러시아는 사회 해방을 향해 나아가는 노동자들의 국가로 볼 수 없다. 국가가 생산 수단을 소유함으로써 오히려 노동자들을 노예로 만들고 있다.'

1930년대는 최초의 공산주의 국가를 건설했던 러시아가 유럽의 지식인들에게 유토피아로 동경되던 시대였다. 그들은 러시아의 현실을 정확하게 파악하지 못하고 환상을 가졌다. 지식인들이 공산주의와 스탈린주의의 환상에 빠져 있던 시대적 상황 속에서 시몬느는 공산주의와 소련을 비판한 것이었다. 이는 동시대의 사람들보다 한 발 앞서 공산주의의 실상을 파악한 일이었다. 시몬느는 무슨 무슨 주의나 사상이 결국 권력자들의 이익을 위해 움직이는 것을 보고 참을 수가 없었다.

어느 밤, 공산주의에 대한 지식인들의 어리석은 희망을 지켜보던 시몬느는 르 퓌에서 철학을 가르쳤던 여학생에게 편지를 썼다.

"러시아 혁명이 선량한 사람들을 죽음으로 몰고 가는구나. 사회주의 국가, 혹은 공산주의 국가라는 이름 아래 관료주의적, 군사적, 경찰적 독재에 러시아를 맡긴 셈이야."

고민의 시작

시몬느에게 오세르 국립여자고등학교 생활은 그리 편하지 않았다. 다른 교사들과의 사이도 좋지 않았고, 일주일에 열다섯 시간씩이나 강의를 해야 했다. 반면에 오세르의 농부나 노동자들하고는 좋은 관계를 유지했다. 시몬느는 농부들을 도와 포도를 따기도 하고, 감자를 캐기도 했다. 인부들 틈에 끼어 건물 고치는 일을 하기도 했다. 노동자들과 어울리는 시몬느의 모습을 다른 교사들이 좋아할 리 없었다.

한번은 점심 시간 무렵 학교 문 앞에 깡통을 든 거지가 나타나 소란을 피운 일이 있었다. 거지는 바싹 마른 몸집에 나쁜 냄새까지 났다. 학교 수위는 거지를 막았지만, 거지는 왜 못 들어가게 하느냐며 소리를 고래고래 질렀다.

"교감 선생님, 큰일 났습니다. 거지 하나가 학교 안으로 들여보내 달라고 야단입니다."

나이 든 교사 한 사람이 식당으로 점심을 먹으러 가려는 교감을 불렀다.

"거지요?"

걸음을 멈춘 교감의 얼굴이 잔뜩 찌푸려졌다.

"예, 거지요. 지금 수위하고 싸우고 있는 모양입니다."

"아니, 갑자기 웬 거지입니까? 뭐 하러 학교에 들어오겠다는 거예요? 네?"

"저어…… 그게 글쎄, 밥을 먹겠답니다."

나이 든 교사는 매우 낭패스럽다는 표정을 지었다.

"밥이요?"

"시몬느 선생이 밥 먹으러 오랬다네요. 350명이 밥을 먹으나 351명이 먹으나 똑같다구요."

나이 든 교사는 교감이 시몬느를 눈엣가시처럼 여기고 있다는 사실을 알고 있었다. 그래서 교감의 눈치를 살피며 조심조심 말했다. 그의 목소리는 점점 더 조그맣게 잦아들었다.

"뭐라구요! 당장 쫓아 버려요! 학교가 거지 밥 주는 곳인 줄 알아요? 시몬느 선생이 아주 정신 나간 것 아니에요? 나 원 참! 시몬느 선생은 골칫덩이야! 골칫덩이!"

교감은 신경질이 나서 못 견디겠다는 투로 소리를 질러 댔다. 그리고 마음속으로 시몬느를 다른 학교로 쫓아 보내지 않고서는 마음 편하게 지낼 수 없겠다고 생각했다.

휴가 기간을 맞아 스페인으로 잠시 여행을 다녀온 시몬느는 몸과 마음을 재충전한 뒤 로안의 학교로 전근을 갔다. 로안은 예전에 시몬느가 노동 운동을 펼쳤던 생 테티엔과 지리적으로 가까운 곳이었다. 시몬느는 로안에서 강의하는 한편 생 테티엔의 노동 운동을 도울 수 있다는 사실이 기뻤다.

한편, 시몬느는 《프롤레타리아 혁명》이라는 잡지에 논문 〈우리들은 프롤레타리아 혁명으로 나아가고 있는 것인가〉를 발표해 러시아 혁명은 실패했다고 분석했다. 한마디로 사회주의를 직접적으로 비판한 셈이었다. 그밖에도 시몬느는 〈전쟁에 관한 고찰〉과 〈소비에트 연방의 문제〉 등의 논문을 차례로 발표했다.

시몬느는 로안과 생 테티엔을 오가며 예전과 같이 정열적인 운동을 펼쳤다. 엄청난 양의 글을 쓰는 것에도 변함이 없었다. 그러나 시몬느의 마음 한구석에서는 뭔가 아쉬움이 있었다. 시몬느는 그것이 과연 무엇인지 고민에 고민을 거듭했다.

학창 시절부터 엄청난 양의 책을 읽어 고전과 현대의 사상에 능통한 시몬느였다. 또한 20세가 되기 전부터 노동 운동에 앞장서 온 그녀였다. 사상과 행동에 있어 부족함이 없는 시몬느였지만, 그녀는 자신에게 큰 문제점이 있다고 생각했다. 그것은 자신이 노동자의 실생활을 직접 겪어 보지 못했다는 점이었다.

시몬느는 이전에도 탄광이나 농장에 가서 그곳 노동자들의 생활을 지켜본 일이 있었다. 그들에게 강의를 하기도 했고, 함께 빵을 나눠 먹으며 이야기를 나누기도 했다. 작업복을 입고 광산의 갱도로 들어가 공기 드릴을 사용해 본 적도 있었다. 때때로 그런 격의 없는 행동 때문에 사람들의 오해를 산 일도 있었다. 그렇지만 그것은 어디까지나 제삼자로서 한 행동이라고 시몬느는 생각했다.

'내가 과연 그들에 대해 얼마나 알고 있는 걸까? 내가 그들을 위해 진실로 무언가 할 수 있는 사람이기는 한 걸까? 노동을 하지 않으면서 그들의 어려움을 나눠 갖는다는 말은 위선이 아닐까? 아무래도 나는 철학 교사라는 편안한 자리에만 안주하고 있는 것 같아.'

고민을 하면 할수록 시몬느는 쓰고 있는 글과 행동에 자신이 없어졌다. 시몬느는 어릴 때부터 결벽증이라고 할 만큼 완벽주의에 가까운 성격이었다. 그런 시몬느에게 그와 같은 사실은 위선으로 느껴지기까지 했다. 마침내 시몬느는 삶의 현장에 발 딛고 있지 않은 사상은 완전

할 수 없다고 단정 지었다. 자기가 노동자가 되지 않고는 노동과 노동자의 관계를 알 수 없다는 결론에 이른 것이었다.

"그래, 불행을 겪어 보지 않고서 불행을 이해할 수는 없는 법이야."

시몬느는 딱딱한 침대 위에 누워 혼잣말을 했다. 결심이 선 이상 행동을 미루고 싶지 않았다. 시몬느는 내일 당장이라도 일자리를 알아봐야겠다고 마음을 먹으며 잠을 청했다.

대공황

1929년 미국에서 시작된 경제적인 위기는 전 세계를 사상 최대의 불황으로 몰고 갔다.

대공황은 1929년 10월 24일(검은 목요일)에 미국 뉴욕 월가(街)의 '뉴욕 주식거래소'에서 주가가 폭락하면서 시작되었다. 유럽의 국가들은 차례차례 불경기로 타격을 받았다. 공장은 문을 닫았고, 은행은 파산했으며, 상점들은 개점휴업 상태였다. 미국, 남아메리카, 유럽에서는 농산물 가격이 폭락했다.

대공황으로 인한 실업과 기아의 고통은 매우 컸다. 각 나라는 새로운 경제정책으로 사태를 개선하려 했다. 영국은 보호무역주의를 실시했고, 나치가 장악한 독일과 이탈리아도 국가의 경제적 지배를 강화했다. 프랑스 내각은 별다른 해결책을 찾지 못했다. 루스벨트 대통령의 뉴딜 정책으로 대공황을 빠져나가려고 했던 미국은 10년 후에야 제2차 세계 대전으로 경기를 회복하게 되었다.

한편 독재자들은 대공황을 침략의 좋은 기회로 삼았다. 1930년대의 경제불황을 기회로 히틀러는 독일의 정권을 장악했고, 일본은 1931년, 만주를 침략했다. 대공황의 여파는 1939년까지 이어졌다

파시즘

제1차 세계 대전이 끝난 뒤 패전국인 이탈리아는 공황 및 정치적, 사회적 불안에 휩싸이게 되었다. 파시스트들은 그 같은 혼란을 틈타 새로운 정치 집단으로 떠올랐다.

파시즘은 1919년에 이탈리아의 무솔리니가 주장한 국가숭배주의를 말한다. 파시즘은 독일 나치즘과 함께 극단적인 국가주의를 앞세웠다. 히틀러와 함께 독재자의 대표적 인물인 무솔리니는 과격한 국가주의를 외쳤고, 제국주의적 팽창정책을 펼쳤다.

무솔리니는 짧은 시간 동안 경제적 독립을 이루기 위해서는 전쟁이 필요하다고 주장했다. 이탈리아는 1939년 5월, 독일과 군사동맹을 체결하고, 독일 및 일본과 함께 국제 파시즘 진영을 구성하였다.

이탈리아의 파시스트들은 국가를 이루는 구성원이라는 사실 외에는 개인이 존재할 이유가 없다고 말했다. 파시스트들은 자유로운 의사표현을 무자비하게 탄압했다.

3. 함께하는 고통

노동 일기의 첫 장

시몬느는 굳은 다짐을 하고 이전부터 알고 지냈던 친구 보리스 수바린의 집을 찾아갔다. 시몬느의 결심을 알지 못하는 수바린은 밝은 웃음으로 시몬느를 맞이했다.

시몬느는 수바린과 점심을 먹는 내내 말이 없었다. 수바린은 그런 시몬느를 보고 무슨 일이 있는가, 이상하게 여겼다.

"시몬느, 무슨 일이 있어요? 통 말이 없네요."

"네, 있어요. 할 말이 좀 있어요."

"무슨 말인데요? 어디 해 봐요."

수바린은 바게트를 아주 조금밖에 먹지 않은 시몬느의 커피 잔에 설탕 넣지 않은 뜨거운 커피를 조금 더 따라 주었다. 수바린은 시몬느를 만날 때마다 무엇이든 더 먹이려 했지만 시몬느는 매번 충분하다고 손을 저었다. 시몬느는 인간으로서 생명을 유지할 수 있는 최소한의 식사를 하고, 최소한의 생필품을 쓰며 지내는 것 같았다.

시몬느는 하얀 커피 잔을 만지작거리더니 마침내 말문을 열었다.

"부탁이에요. 내가 일할 수 있는 공장을 소개해 줘요."

수바린은 시몬느의 말을 듣고도 무슨 말인지 얼른 알아듣지 못했다. 그러자 시몬느는 수바린의 두 손을 꼭 잡고 자신이 갖고 있는 생각을 자세하게 설명했다.

이야기를 하는 사이, 시몬느 앞에 놓인 커피는 차갑게 식어 버렸다. 수바린은 시몬느의 얘기를 다 듣고 나서도 좀처럼 고개를 끄덕이지 않았다. 프랑스 최고의 학교인 고등사범학교를 나온 지성인이 공장 노동자가 된다는 것은 당시로서 상상할 수 없는 일이었다. 아무리 진보적인 사고를 갖고 있는 수바린이라 할지라도 쉽게 수긍할 수 없는 계획이었다. 게다가 시몬느는 건강 때문에 늘 힘들어하지 않는가. 가끔씩 엉뚱한 일을 잘 저지르는 시몬느라 해도 공장에 가겠다는 말은 어이가 없어 말이 안 나올 정도였다.

"말도 안 돼요. 공장이라니요. 나도 시몬느를 지지하는 사람이지만, 공장은 안 돼요."

"왜요? 왜 무조건 안 된다는 거죠? 학교에서 강의하는 사람과 공장에서 일하는 사람은 태어날 때부터 정해져 있는 건가요?"

시몬느는 안경 너머의 큰 눈을 동그랗게 뜨고 격렬하게 물었다.

"시몬느의 몸으로는 견딜 수 없어요. 큰 병이라도 나면 어쩌려구요. 차라리 그 노력으로 지금까지 해 왔던 것처럼 글을 쓰고 노동 운동에 앞장서요. 그 편이 나아요."

"그렇지 않아요. 나는 직접 내 손과 몸으로 체험하고 싶어요. 예전에 광산에서 일을 하려고 했던 적도 있었지만, 나를 써 주지 않더군요. 하지만 이번엔 꼭 내가 그렇게도 부르짖던 노동자의 생활이 어떤 것인지 알고 싶어요. 죽은 지식만으로는 부족하다구요!"

시몬느도 물러서지 않았다. 시몬느는 어떤 일이든 자신이 옳다고 믿으면 물러서는 법이 없었다. 꼭 다문 시몬느의 입술이 몹시 고집스러워 보였다.

"생각과 실천은 달라요. 마음먹은 대로 되는 게 아니라구요."

"제발 부탁이에요. 난 공장에서 일한 경력이 없어서 공장에 쉽게 들어갈 수가 없어요. 그런 사정을 알잖아요. 일자리를 소개해 줘요."

시몬느는 다시 한 번 간곡한 음성으로 애원했다. 수바린의 손을 꼭 쥐고 있는 시몬느의 조그만 손은 불에 댄 것처럼 뜨거웠다.

시몬느의 간청에 못 이긴 수바린은 할 수 없이 전부터 알고 지내는 알스톰 전자회사의 사장을 찾아갔다. 수바린뿐 아니라 다른 친구들 모두가 입을 모아 말렸지만 시몬느의 고집을 꺾을 수 없었다. 무엇인가 하겠다고 마음먹으면 물불을 가리지 않고 달려드는 것이 시몬의 성격이었다.

알스톰 전자회사의 주인인 오귀스트 드퇴프는 다른 부유한 사업가들과 달리 개혁적이고 현명한 사람이었다. 수바린의 생각에, 다른 사람은 몰라도 드퇴프 씨라면 위험을 무릅쓰고 시몬느의 계획을 도와줄 것 같았다.

수바린은 드퇴프 씨를 만나 시몬느의 계획에 대해 상세하게 설명했다. 수바린의 말을 들은 드퇴프 씨는 이해하겠다는 듯한 표정을 지으면서도 선뜻 허락하지는 못했다. 수바린도 드퇴프 씨가 선뜻 허락하리라 생각하지 않았기 때문에 쉽게 물러서지 않았다.

"어려운 일입니다만, 훌륭한 뜻을 가진 젊은이를 도와주세요."

"글쎄요, 과연 가능할까요?"

드퇴프 씨는 심각한 표정으로 수바린에게 물었다.

"누구도 시몬느의 고집을 꺾을 수는 없어요. 시몬느는 한번 마음먹은 일은 꼭 해내고야 말거든요. 시몬느가 기어코 공장에서 일한다면 다른 공장보다는 드퇴프 씨의 공장이 나을 거예요."

"만약 사고라도 나면요? 공장은 결코 만만한 곳이 아닙니다."

"압니다. 그러니까 이렇게 부탁드리는 게 아니겠어요. 드퇴프 씨, 시몬느를 믿어 주세요. 시몬느가 자신의 말과 행동을 책임질 줄 아는 사람이에요. 최선을 다할 겁니다."

"……."

드퇴프 씨는 아무 말 하지 않고 생각에 잠겼다.

"시몬느가 다른 비합리적인 환경의 공장으로 간다고 생각하면 머리가 아찔해요. 그래도 이곳은 체계적인 감독 아래 일하는 공장이잖아요. 이곳에서 일을 경험할 수 있게 도와주셨으면 합니다. 부탁드려요."

수바린의 말처럼 다른 공장들의 작업 환경이 얼마나 열악하고 참담한지 누구보다 잘 알고 있는 드퇴프 씨였다. 수바린의 말을 조용히 듣고 있던 드퇴프 씨는 입에 대고 있던 커피 잔을 내려놓고 마침내 입을 열었다.

"좋습니다. 시몬느 양을 한번 믿어 보지요."

"네? 정말입니까? 감사합니다. 드퇴프 씨."

드퇴프 씨는 마치 자신의 일처럼 기뻐하는 수바린에게 약속했다.

"파리 르쿠르브에 공장이 하나 있습니다. 그곳에 일자리를 만들어 놓지요."

"예, 감사합니다. 아 참, 그리고 그곳 공장 사람들에게는 시몬느의 신분을 절대 밝히지 말아 주세요. 부탁드립니다."

수바린은 마지막 부탁을 간곡하게 전했다. 그것은 시몬느의 당부이기도 했다.

"어이, 이리 와서 점심 같이 먹지."

시몬느와 같이 공장에서 일하는 자크 씨가 시몬느를 불렀다.

"그래. 어서 와. 같이 먹어."

포스티에 부인도 시몬느에게 손짓을 했다.

"감사합니다만 저는 배가 고프지 않습니다. 맛있게 드세요."

푸른색 블라우스를 입은 시몬느는 기름때로 얼룩진 앞치마에 더러워진 손을 닦으며 대답했다. 몹시 지쳐 보이는 얼굴이었다.

"아니, 배가 왜 안 고파. 벌써 몇 시간 일을 했는데. 프레스 기를 돌리려면 잘 먹어야 해. 배가 고프면 일을 못 한다구. 생각이 없어도 꾸역꾸역 먹어야 해. 우린 일하는 기계라구."

포스티에 부인은 늘 핏기가 없어 보이는 시몬느가 안쓰러워 자꾸만 불렀다. 얼굴이 창백해서 빈혈이 있는 건 아닌가 싶기도 했다.

"저는 점심을 먹지 않아도 괜찮아요. 원래 도시락을 안 싸 오거든요."

시몬느는 수줍게 웃으며 대답했다. 시몬느의 말에 한쪽 구석에 앉아 버터 바른 바게트를 씹던 여자가 조그만 소리로 말했다.

"아, 그러니까 그렇게 비쩍 말랐지. 못 먹어서 그렇게 말랐구먼."

시몬느도 그 소리를 들었는지 희미하게 미소를 지었다. 공장에서 시몬느는 말수가 적고 묵묵히 일하는 사람이었다.

"어쨌거나 이리 와 봐요. 오늘 마누라가 빵을 좀 많이 싸 줬거든. 이거 한쪽 먹어 보시게."

까다롭고 무뚝뚝한 것 같으면서도 속이 깊은 십장 무케 씨가 빵 한 조각을 내밀었다.

공장에서 십장을 맡고 있는 무케 씨는 공장에서 유일하게 시몬느가 철학 교사임을 알고 있는 사람이었다. 그는 공장 주인인 드퇴프 씨로부터 시몬느에 대한 이야기를 들었지만, 그것을 내색하지 않았다. 특별히 편의를 봐 주지도 않았다. 그러나 속으로 그는 일에 서툰 시몬느를 몹시 걱정하고 있었다. 시몬느는 엄청난 작업량을 소화해 낼 만큼 일에 익숙하지 못했고, 공장의 월급은 작업량에 맞추어 지급되었다. 십장인 무케 씨가 보기에 시몬느는 하루 세 끼 밥 먹을 만큼의 월급도 받기 어려워 보였다. 하긴, 기계에 서툴러 다치지나 않을지 그게 더 걱정이었다. 자칫 잘못하다가는 손이 베어 나갈 수 있는 게 프레스 기였다.

"감사합니다. 빵이 무척 맛있네요."

시몬느는 무케 씨가 건네준 빵 조각을 삼킨 뒤 곧 자기 자리로 돌아갔다. 큰 키에 휘청휘청 걷는 모습이 당장이라도 앞으로 쓰러질 것처럼 위태로워 보였다. 그런 시몬느를 보고 사람들은 또 한마디씩 지껄여 댔다.

"좀 이상하지 않아? 도통 먹지를 않네."

"저 아가씨 손 봤어? 영 일꾼 손 같지가 않더라구."

"맞아, 맞아, 내 생각엔 집안이 망해서 공장에 들어온 여자 같아. 보아 하니 원래 험한 일 하던 사람은 아닌 것 같던데……. 하여튼 참 딱해."

하지만 사람들이 시몬느를 두고 떠들어 대는 것도 잠시였다. 각자 할당받은 작업량을 마치려면 다른 사람에게 신경 쓸 여유가 없었던 것이다. 잠시라도 딴 생각을 할 여유가 없을 만큼 기계는 빠른 속도로 돌아갔고, 공장의 노동자들은 땀을 흘리며 작업에 열중해야 했다. 딱딱한 기계들로 채워진 삭막한 공장 안에서 노동자 간의 우정을 기대한다는 건 어려운 일이라는 사실을 시몬느는 뒤늦게 깨닫고 있었다.

노동의 고통

용광로 안에서는 붉은 화염이 끓어올랐다. 가까이 가기만 해도 뜨겁게 솟아오르는 수증기에 숨이 막혀 버릴 지경이었다. 악마처럼 손길을 내뻗는 불길에 가슴이 쿵쾅거렸지만 시몬느는 마음을 가다듬고 용광로 앞에 섰다.

시몬느는 몇 달 전부터 용광로에 구리로 된 전깃줄을 집어넣었다 빼는 일을 맡아 하고 있었다. 예전에 했던 프레스 기를 다루는 일도 눈 깜빡할 사이에 손가락이 잘릴 만큼 위험한 일이었다. 그렇지만 용광로 앞에서 일하는 것만큼 고되지는 않았던 것 같았다. 쇠막대기를 쌓는 일도 마찬가지였다. 아무리 조심해서 전깃줄을 집어넣어도, 솟아오르는 뜨거운 불길에 팔을 데기 일쑤였다.

몇 달 사이 시몬느의 몸은 불에 덴 상처투성이로 변했다. 시몬느는 정신을 바짝 차리고 일터에 섰지만, 부유한 가정에서 책벌레로 자라난 그녀에게 공장 일은 이만저만 어려운 것이 아니었다. 공장 생활은 스물다섯 살의 젊은 시몬느를 순식간에 낡고 초췌하게 바꾸어 놓았다. 고작 한 달 동안에도 몸이 십 년은 늙은 것 같은 느낌이었다. 몸만 늙은 것이 아니라 마음도 따라 늙었다. 그녀는 예전처럼 자신만만하고 두려울 것 없는 투사가 아니었다. 자신의 한계를 느끼기도 했고, 끝없는 절망감에 괴로워하기도 했다.

"시몬느, 조심해서 하라구. 그리고 작업에 속력을 좀 내. 그렇게 느릿느릿 하다가 언제 일을 끝내려고 해."

십장이 시몬느 옆을 지나가면서 한마디 던졌다.

"아, 예. 부지런히 하고 있습니다."

시몬느는 용광로를 잘 살피면서 구리 전깃줄을 집어넣었다. 시몬느의 반듯한 이마 위로 땀이 흘러내렸다. 시몬느는 한 손으로 흘러내리는 안경을 치켜올렸다.

'아아, 뜨겁다. 공장 일이 이런 것인 줄 정말 몰랐어. 예전의 나는 정말 철부지였던 거야. 쉽게 입으로 노동에 대해 떠들어 대는 게 아니었어.'

공장에서 하루하루 견디는 사이 시몬느는 노동자들의 고통을 머리가 아닌 손과 발로 직접 느끼게 되었다. 당시 노동자들의 작업 환경은 설명할 수 없을 정도로 열악했다. 노동자는 기계의 부품처럼 소홀하게 여겨졌고, 그러기에 시몬느가 피부로 느끼는 고통은 상상했던 것보다

훨씬 가혹했다.

시몬느는 작업량을 맞추기 위해 부지런히 몸을 움직였다. 잠시라도 딴 생각을 했다가는 사고가 나기 때문에 좋아하는 공상도 할 수가 없었다. 늘 긴장 상태였다.

그런데 용광로에서 전깃줄을 꺼내는 순간 귓속을 쑤시는 듯한 고통이 느껴졌다.

"아앗! 아아아……."

시몬느는 잡아당기던 전깃줄을 놓치고 귀를 감싸 쥐었다. 벌써 닷새째 계속된 아픔이었다. 못이 귓속을 찌르듯 아픈 통에 아침에도 귀를 잡고 한동안 꼼짝하지 못했다.

"엄마……."

시몬느는 눈물을 참으려고 눈을 질끈 감았다. 어금니를 악물었다. 그렇지만 그녀의 눈가는 이미 짜디짠 눈물에 축축이 젖기 시작했다.

"중이염입니다. 한동안 치료를 받으셔야겠어요."

병원에서 중이염이라는 진단을 내렸다. 시몬느는 치료를 위해 잠깐 공장을 쉬면서 밀어 놓았던 글을 썼다.

"시몬느, 제발 이제 그만 해라. 그만큼 고생했으면 되잖니."

어머니는 시몬느 걱정에 흰머리가 더 늘어난 것 같았다. 어머니는 시몬느도 아들 앙드레처럼 편안하게 학문을 연구하면서 살기를 바랐다. 그런데 부족할 것 없는 시몬느가 왜 남들처럼 살지 못하는 건지 이해할 수 없었다.

"시몬느, 네 뜻은 알겠다만…… 네가 그곳에서 일한다고 해서 노동자의 현실을 똑같이 느낄 수는 없는 거다."

아버지도 시몬느가 공장으로 되돌아가는 것을 만류했다. 아버지는 자신이 번 돈을 시몬느가 조금도 쓰지 않으려는 것에 마음이 아팠다. 시몬느는 아무리 부모라 해도 도움을 받지 않으려고 항상 거절했다.

"그렇지 않아요. 물론 제가 사서 고생을 한다고 해서 생활고에 몰린 그들과 똑같은 심리적 고통을 느낄 수는 없겠죠. 하지만 그렇다고 두 손 놓고 있을 수는 없잖아요. 그들의 고통을 조금이라도 느껴 봐야 그들을 위한 정책을 세우고 도움을 줄 수 있어요. 책상 앞에서 하는 탁상공론은 한계가 있을 거예요."

시몬느도 지지 않고 고집을 부렸다.

"그게 어디 너 혼자 힘으로 되는 일이겠니?"

"조그만 힘이라도 보태야지, 남의 일처럼 보고만 있을 수는 없어요. 제 힘 닿는 데까진 해야죠."

시몬느는 얼마 지나지 않아 가족들의 만류를 뿌리치고 다시 공장의 여공으로 되돌아왔다. 휴식을 취한 뒤 마음을 다잡고 공장에 돌아온 시몬느는 전보다 훨씬 빠른 속도로 맡은 일을 처리해 나갔다. 이제 그럭저럭 때 묻은 작업복이 어울리는 듯하기도 했다. 아무도 구부정한 자세로 기계 앞에 서 있는 시몬느를 보고 철학 교사라 생각지는 못할 것 같았다.

시몬느는 공장에서 일을 마치고 허름한 숙소에 돌아와서도 몸을 눕힐 수가 없었다. 시몬느는 졸린 눈을 비비며 노동 일기를 적어 나갔다. 그녀를 아끼는 사람들에게도 잊지 않고 편지를 썼다. 끊임없이 그녀를 괴롭히는 두통은 여전했다. 시몬느는 소망했던 것처럼 추상적인 세계를 벗어나 실제의 세계를 맛보고 있다는 데 소박한 기쁨을 느꼈다.

그러나 그런 비교적 안정된 생활도 오래가지 못했다. 시몬느가 프레스 기에 양손을 심하게 베는 사고를 당하고 만 것이었다. 사고를 당한 시몬느는 그동안 일해 온 공장을 떠나기로 마음먹었다. 사람들이 자신의 신분을 알게 되기 전에 다른 경험을 쌓을 수 있는 공장으로 옮기는 편이 나으리란 생각 때문이었다.

시몬느가 새로 소개받은 곳은 브로뉴에 있는 조그만 공장이었다. 그곳이 지옥처럼 끔찍한 곳임을 알게 되기까지는 그리 오랜 시간이 걸리지 않았다. 노동자들의 비참한 사정은 예전에 일했던 드퇴프 씨의 공장과 비교할 수 없을 정도였다. 처음 소개를 받았을 때 상상했던 것과는 전혀 다른 곳이었다.

"돈을 벌고 싶으면 한 시간에 800장은 찍어야 해. 그것도 못 하면 일을 그만둬야지."

공장에 들어가자마자 프레스 기를 맡게 된 시몬느에게 십장이 와서 다그쳤다. 십장의 말에 시몬느는 당장 주눅이 들었다.

'공장에 들어오자마자 잔소리로군. 어째 예감이 안 좋은걸……'

시몬느는 정신을 바짝 차리고 정신없이 몸을 움직였다. 그렇지만 한 시간에 600장 이상 찍어 내기가 힘들었다. 이마에서 땀이 비 오듯 흘러내렸다.

"어디 그렇게 해서 되겠어?"

십장은 또 시몬느에게 다가와 핀잔을 주었다. 인정사정없는 매정한 말투였다.

"여기는 일 빨리 못 하는 사람은 안 쓰는 곳이야."

시몬느는 간신히 공장에서 쫓겨나지 않았지만 온몸에 눈물이 가득 찬 것처럼 괴로워 견딜 수 없었다. 공장에서 걸어 나온 시몬느는 눈물이 나려는 것을 참고 센 강변으로 걸어갔다.

강변에 서서 바라본 센 강은 도도해 보이기도 하고, 슬퍼 보이기도 했다. 잔잔한 물결 위로 학생이자 사회 운동가로 지내던 시절이 머릿속을 스쳐갔다. 그 시절이 그처럼 행복하게 느껴지던 때도 없었던 것 같았다.

'아, 정말 죽고 싶다. 이미 나는 과거를 잊어버렸고, 미래의 일도 얘기할 수 없게 되었어.'

시몬느는 강물을 바라보며 울먹였다. 가족과 함께 나누어 먹던 잘 차려진 저녁 식사도 떠올랐다. 어머니가 구워 주셨던 따뜻한 빵, 우유를 탄 커피, 김이 모락모락 나는 닭고기……. 공장에서 일하게 된 후로 그녀는 피로와 싸웠고, 굶주림과 싸웠다. 자기 스스로 번 돈으로만 살겠다는 다짐 때문이었다. 시몬느는 다른 사람의 도움을 원치 않았다. 어쩌다 집에 들렀을 때 어머니가 차려 주신 음식을 먹고도 시몬느는 약간의 돈이나마 식탁 위에 놓고 나왔다. 남들이 결벽증이라고 해도 자신의 신념을 지키기 위해서는 어쩔 수 없는 일이었다.

문득, 시몬느의 머리 위로 새 한 마리가 활기차게 날아갔다. 시몬느는 흰 새가 구름을 향해 솟구치듯 날아가는 모습을 눈을 떼지 않고 지켜보았다.

'이대로 물러설 수는 없어.'

시몬느는 나약해져서는 안 된다고 스스로 위로했다.

'고작 이 정도의 고통에 나가떨어질 거라면, 시작도 하지 말았어야지. 힘을 내, 시몬느.'

시몬느는 강변을 따라 활기차게 걷는 사람들을 보며 다시 한 번 기운을 북돋았다. 그러나 몸은 가혹한 노동에 시달려 물에 젖은 솜처럼 무거웠다.

공장에는 하루 열 시간 이상 일을 하면서 죽을 날을 기다리는 폐병 환자가 있고, 기계에 머리카락이 걸려 머리카락은 물론 살갗까지 뜯겨 나갔으나 작업량을 마칠 때까지 일을 해야 하는 여공이 있었다. 병든 남편과 어린 아이를 한꺼번에 먹여 살려야 하는 여자들은 흔히 볼 수 있었다.

"일을 하루 종일 하는데도 집에는 돈이 없어요. 애들은 매일 배가 고프다고 칭얼거려요."

"난 아무 생각 안 하고 살아요. 일만 하는 기계니까요. 춥지 않고 배고프지 않으면 그만이야. 다른 건 아무래도 상관없어."

공장에서 일하는 사람들의 표정과 목소리는 고생에 찌들어 낡고 건조했다. 늘 고된 일에 찌든 사람들의 마음이 삭막한 것은 당연한 일이었다. 옆 사람이 기계에 다치든 몸이 아파서 쓰러지든 돌볼 겨를도 없었다. 시몬느는 공장 안의 사람들을 지켜보며 지옥이 저 멀리에 있는 것이 아님을 그제서야 깨달았다. 시몬은 어쩌면 지옥은 사람들 스스로 만드는 것인지도 모르겠다는 생각을 했다.

얼마 후, 시몬느는 이유도 듣지 못한 채 브로뉴의 공장에서 해고당했다.

"내일부터 나오지 마시오."

십장의 목소리는 무뚝뚝했다.

"무슨 이유이죠? 제가 뭘 잘못한 게 있나요?"

시몬느는 느닷없는 해고에 당황했다. 해고당하지 않기 위해 하루하루 최선을 다해 일해 온 터였다. 쓰러질 것처럼 어지러워도 출근 시각에 늦지 않고, 작업량도 잘 맞추었는데, 그런데 해고라니!

"나오지 말라면 나오지 말 것이지, 이 여자가 무슨 말이 이렇게 많아?"

"아무 이유 없이 해고하는 건 잘못된 일 아닌가요?"

시몬느도 지지 않고 맞섰다.

"뭐라구? 해고야 공장 마음이지, 누구 마음이란 말야? 나가라면 나가!"

십장은 당장 주먹이라도 휘두를 기세였다. 끝내 해고 이유를 들을 수 없었다. 그처럼 부당하기 짝이 없는 일이 아무렇지 않게 일어나는 곳이 그 시대의 공장이었다. 시몬느는 다시 새로운 일자리를 구할 수밖에 없었다.

시몬느가 다시 어렵게 구한 일자리는 르노 공장의 작업장이었다. 그곳에 들어간 시몬느는 제분기 돌리는 일을 맡았다. 얼마 지나지 않아 엄지손가락 끝이 잘리는 사고를 당했지만, 치료를 받고 다시 작업장에 섰다. 그리고 며칠 뒤 시몬느의 손이 기계에 끼어 퉁퉁 붓는 사고가 일어났다. 그야말로 악전고투의 연속이었다.

"엄마, 난 더 이상 철부지가 아니에요."

시몬느는 그녀의 공장 생활이 걱정되어 숙소로 찾아온 어머니에게 웃는 얼굴로 말했다. 노동의 고통 속에 육체가 상할수록 시몬느의 정신은 더욱 깊고 성숙해 갔다. 그녀는 노동자들의 삶에 대해 깊이 고민했고, 많은 것을 새로 깨달을 수 있었다

공장에서의 하루하루가 노동자들의 존엄성을 얼마나 무너뜨리는지,

친구들에게 쓰는 편지에서 시몬느는 말했다. 노동자의 삶은 그들을 점점 더 노예로 만든다고도 말했다. 노동자들 사이에서 진실한 우정을 기대하기도 어려웠다. 심한 고통을 겪는 인간은 자신이 인간임을 잊게 된다고도 생각했다. 이런 지옥과 같은 현실을 바꿔 나가야겠으나 어떻게 바꿀 수 있을지에 대해서는 그녀 자신도 알 수가 없었다.

4. 다시 삶 속으로

포르투갈의 바닷가

"시몬느, 거기서 뭘 하니?"

어머니가 뱃전에 혼자 서 있는 그녀를 불렀다.

"아, 어머니, 머리가 좀 아파서요. 바람 쐬고 들어갈게요."

고개를 돌린 시몬느의 얼굴은 무척 창백해 보였다. 커다란 키를 구부정하게 굽혀 난간에 기대고 서 있는 그녀의 모습은 늙은 여인처럼 초췌해 보이기까지 했다.

"바람이 찬 것 같은데……. 안에 들어와서 뜨거운 커피라도 좀 마시렴. 숄이라도 가져다줄까?"

어머니는 여공 생활 끝에 몸이 심하게 상한 시몬느가 가여워 견딜
수가 없었다. 어머니는 빵 한 조각이라도 더 먹이고 싶고, 살을 찌울
고기라도 억지로 먹이고 싶었으나, 시몬느는 도통 잘 먹지 않았다. 늘
무언가 생각하는 표정이었다. 안색도 예전보다 나빴고, 웃음을 지어도
예전처럼 밝아 보이지가 않았다. 마치 덫에 걸려 상처를 입은 어린 토
끼 같은 모습이었다.

"아니에요. 곧 들어갈게요."

"감기 안 걸리게 조심해야지."

"알았어요. 들어가 계세요."

어머니는 시몬느의 권유에도 불구하고 머뭇거리다가 마지못해 선실 안으로 들어갔다. 아무래도 시몬느는 예전과 같은 열정적인 혁명가, 이상주의자로 돌아갈 것 같지 않았다. 하고자 하는 일이면 무엇이든 다 이룰 수 있다고 믿던 활기찬 딸의 모습이 어머니는 그리웠다. 아버지도 외동딸 때문에 늘 근심하기는 마찬가지였다.

시몬느는 어머니를 보내고 나서 다시 바다를 보고 섰다. 짙푸른 바다를 헤치며 전진하는 배 위로 바닷새가 날아가고 있었다. 새가 나는 것을 보니 오래지 않아 육지에 다다를 모양이었다. 조금이라도 빨리 배에서 내릴 수 있었으면 하고 시몬느는 바랐다. 푸른 바다도 너무 오래 바라보고 있노라니 육지가 그리웠다.

시몬느는 배에서 내린 뒤 스페인에 들렀다가 포르투갈로 향할 예정이었다. 예전에 포르투갈에 들른 적이 있는 시몬느는 그곳을 아름다운 나라로 기억했다. 그녀가 태어나 자란 프랑스 파리와는 사뭇 다른 분위기였다. 포르투갈의 조용한 바닷가 마을에 방을 얻어 부모님과 지낼 생각을 하니 벌써부터 마음이 설렜다. 늘 시끄러운 기계 소음에 시달릴 대로 시달린 귀도, 상처 입은 손도, 그곳에서라면 나을 수 있을 것 같았다. 그녀는 잠깐이라도 자신에게 상처를 안긴 프랑스를 떠나 다른 나라에서 지내고 싶었다.

포르투갈의 한 마을에 작은 방을 얻은 시몬느는 오랜만에 달콤한 휴식을 맛보았다. 광장에 나가 악사들의 노래와 연주를 듣기도 했고, 밤이면 고된 직공 생활 중에도 놓지 않았던 펜을 잡고 종이 위에 생각을 정리해 갔다. 책을 읽을 수 있는 시간이 충분한 것도 행복했다. 그러는 사이 공장에서 보낸 지옥 같은 한철은 아득하게 느껴지는 것 같기도 했다. 하지만 간혹 꾸게 되는 악몽 속에서는 커다란 기계 사이로 손이 빨려 들어가기도 하고, 아무리 해도 끝이 나지 않는 일 때문에 진땀을 뺐다. 그런 꿈을 꾸다 깬 밤이면 가슴이 뛰어서 잠이 잘 오지 않았다.

그러던 어느 밤, 잠이 오지 않아서 산책을 나간 시몬느는 바닷가에서 낯선 광경을 지켜보게 되었다. 보름달의 밝은 빛 아래에서 성가를 부르며 어선 주위를 맴도는 여자들의 모습을 지켜본 것이었다. 여자들은 손에 촛불을 들고 성가를 부르며 줄을 지어 어선 주위를 맴돌았다.

"여기서 뭘 하시는 거죠?"

"오늘이 수호성인 축제일이잖아요. 모르셨어요?"

누군가 시몬느에게 수호성인의 축제일이라고 말해 주었다. 포르투갈은 가톨릭 신자들이 많은 나라였다.

그 광경을 지켜본 시몬느는 그날 받은 강렬한 느낌을 오랫동안 기억했다. 그리고 훗날 페렝 신부에게 편지를 썼다.

"그즈음 저는 몸과 마음이 흐트러질 대로 흐트러져 있었습니다. 공장에서 불행이라는 것에 지배당함으로써 제 청춘은 시들어 버린 것입니다.

로마인이 가장 멸시하는 노예의 이마에 쇠로 붉은 표시를 찍었듯이, 저는 그곳에서 지울 수 없는 노예의 표시를 받았습니다. 그로부터 저는 늘 스스로를 노예로 여겨 왔습니다.

그런 정신 상태에 몸도 쇠약해진 저는 포르투갈의 조그만 어촌으로 들어갔습니다. 그날은 마침 마을의 수호성인 축제일이었습니다. 마을의 여인들이 촛불을 들고 배 주위를 줄지어 맴돌며 가슴을 찢는 듯한 슬픈 목소리로 오래된 성가를 부르고 있었습니다. 저는 볼가 강에서 배를 젓는 사람들의 노래를 들은 것말고는 그렇게 슬픈 노래를 들은 적이 없었습니다."

시몬느는 페렝 신부에게 보내는 편지에서 그날 밤 바닷가에서 느꼈던 감정에 대해 솔직하게 고백했다. 또한 그 밤이 기독교와의 강렬한 첫 번째 만남을 가진 운명적인 순간이었다고 말했다. 시몬느는 기독교가 핍박받는 노예와 같은 자들을 위한 종교라 믿었다.

그때부터 시몬느는 종교에 대해 깊게 생각하게 되었다. 철학자들의 사상을 익히고 고민하던 시몬느에게 공부하고 생각할 문제가 더 생긴 셈이었다. 시몬느는 그 후로 동서양의 종교를 폭넓게 공부하는 한편 기독교와 자신의 관계에 대해 고민을 거듭하게 되었다. 물론, 기독교에 대한 비판도 잊지 않았다. 철학자 시몬느의 종교에 대한 깊은 고민이 시작된 곳은 바로 포르투갈의 조그만 바닷가 마을이었다.

다시 돌아온 일상

시몬느는 포르투갈에서 뜻하지 않았던 종교적 영감을 얻고 파리로 돌아왔다. 그리고 며칠 뒤 부르즈를 향해 떠났다. 부르즈 고등여자중학교의 철학 교사로 임명되었기 때문이었다.

공장의 작업장에서 다시 강단으로 돌아온 시몬느는 학생들에게 철학과 그리스 어를 가르쳤다. 발자크, 괴테, 발레리, 생 텍쥐페리 등의 작가들을 통해 삶 속에서 살아 숨 쉬는 문학을 가르치려 노력하기도 했다.

시몬느가 다시 교사의 신분으로 돌아왔다고 해서 공장 노동자들에 대한 관심과 고민이 사라진 것은 아니었다. 시몬느는 여전히 노동자들의 작업 환경을 개선할 수 있는 방법에 대해 고민했고, 그것을 위해 여러 공장들을 찾아다녔다. 공장 생활 때문에 나빠진 건강이 별로 회복되지 않았지만, 일하려는 시몬느의 의욕을 꺾을 수는 없었다.

그런 시몬느를 지원한 사람은 뜻밖에도 부르즈 고등여자중학교 교장의 부인인 레이넬 여사였다. 레이넬 여사의 도움으로 로지에르 제철소를 답사하게 된 시몬느는 그곳의 작업 환경을 자세히 살펴보았다. 그리고 그곳의 기술 고문인 베르나르 씨를 만났다.

시몬느는 노동자들을 위한 일이라면 체면을 차리지 않는 성격대로 적극적으로 질문하고 의견을 제시했다.

"이곳 임금이 너무 불공평한 것 아닌가요?"

시몬느는 베르나르 씨를 만나자마자 항의를 했다. 여공 생활을 통해 노동자들의 생활고를 직접 체험한 시몬느였다. 그녀는 엄청난 작업량을 소화해도 노동자에게 주어지는 임금이 늘 쥐꼬리만한 것에 분노마저 느꼈다.

"만약 시몬느 씨가 경영을 맡는다면 어떻게 하시겠습니까?"

시몬느의 당돌한 질문에도 불구하고 베르나르 씨는 정중하게 되물었다.

"제가 경영을 한다면 먼저 경영자의 월급을 공장 벽에 써 붙이겠죠."

시몬느는 기다렸다는 듯 대뜸 대꾸를 했다. 비교적 진보적인 베르나르 씨도 그저 허허허 웃음을 터뜨릴 뿐이었다. 시몬느의 공격적인 질문과 항의에도 불구하고 베르나르 씨는 공장에서 일어나는 현실적인 일들에 대해 자세하게 들려주었다. 시몬느 역시 그가 노동자들의 문제에 눈을 뜰 수 있도록 설득했다. 그들의 토론은 한참 동안 진행되었다. 시몬느도 베르나르 씨도 모두 진지한 표정이었다.

시몬느는 열변을 토하면서도 베르나르 씨를 변화시킬 수 있으리라 기대하지 않았다. 자신의 말을 듣기는 해도 달라지는 것은 없을 것이란 생각 때문이었다. 여태까지 대부분의 사람들이 그래 왔고, 그것을 모르는 바가 아니었다. 시몬은 사람들이 타인의 일에 얼마나 무관심한지 알고 있었다.

하지만 시몬느의 짐작과 달리 그녀의 노력은 헛된 것이 아니었다.

베르나르 씨는 시몬느와의 만남 이후 노동자들을 위한 잡지를 펴낼 만큼 노동자들의 삶에 대해 관심을 갖게 되었다. 이후에 베르나르 씨가 노동자들을 위해 펴낸 잡지는 《우리들》이었다.

다음해, 시몬느는 베르나르 씨에게 편지를 보냈다. 시몬느와 베르나르 씨는 각자 다른 일을 하고 있었고, 어쩌면 반대 입장에 서 있다고도 할 수 있었다. 그럼에도 불구하고 그들에게는 서로를 이해하려는 마음이 충분했다. 시몬느는 《우리들》에 자신의 글을 발표하기도 했다.

"지금은 개선을 요구하는 노동자 측과 이것을 제한하려는 경영자 측이 서로 의견을 나눔으로써 문제를 해결하려는 움직임을 보이고 있습니다. 다시 말하자면, 노동자들도 어떤 면에서 경영에 참가하고 있습니다. 저는 이와 같은 사회적 변화가 더 넓은 평등의 세계를 향해 나아가기를 바랍니다."

시몬느는 현대적인 노사 협력 관계를 해결책으로 생각하고 있었던 것이었다. 시몬느는 러시아식 혁명을 통해서는 노동자들의 환경이 개선될 수 없다는 사실을 정확하게 이해하고 있었다. 시몬느는 공산주의 혁명이 노동자를 더욱 노예로 만들 뿐이라고 확신했다. 더불어 노동자들의 조직을 만들어 경영자와 노동자 양쪽이 책임을 지고 문제를 타협하는 방법이 필요하다는 주장을 하기도 했다. 이는 오늘날 정착된 노사 문화를 이미 오래 전에 예측한 선견지명이 아닐 수 없었다.

시몬느는 사회의 변화와 노동 문제의 해결 방향을 미리 예측하는 예

리한 눈을 가지고 있었다. 그 당시 시몬느가 쓴 논문들 가운데에는 오늘날 무릎을 칠 만큼 미래를 정확하게 이야기한 것들이 적지 않았다.

시몬느는 베르나르 씨에게 편지를 쓴 뒤에도 노동자들의 해고 문제가 개선되어야 한다는 의견을 전했다. 시몬느 자신 역시 부당한 해고를 당한 경험이 있었기 때문이었다.

시몬느가 관심을 가진 것은 다만 공장 노동자들만이 아니었다. 그녀는 농장에서 일하는 농부들의 생활에도 관심을 두고 있었다. 전에는 탄광촌의 사람들을 돕는 데도 발 벗고 나서기도 했다.

한동안 시몬느는 농장 생활을 경험하기 위해 농장에서 지냈다. 시몬느는 들에서 일을 하기도 했고, 우유를 짜기도 했다. 그렇지만 농장 주인의 아내 벨르비유 부인은 시몬느를 이상하게 여겼다. 그녀는 선량한 사람이었지만 시몬느가 사는 방식이 낯설게 느껴졌던 모양이었다.

벨르비유 부인은 갓 구운 크루아상을 권했지만 시몬느는 고개를 저었다. 시몬느는 식탁 위에 차려 놓은 음식에 거의 손을 대지 않았다. 벨르비유 부인은 음식이 입에 맞지 않는 걸까 하고 생각했지만 그것도 아닌 것 같았다.

"점심을 고작 그만큼 먹다니, 그렇게 먹고 어떻게 살죠? 생쥐도 그보다는 많이 먹겠어요."

벨르비유 부인은 시몬느가 점심을 너무 적게 먹는 것을 보고 물었다. 그리고 또 이어서 "그렇게 사는 게 행복한가요?" 하고 묻기도 했다.

사람들의 그런 질문에 익숙했던 시몬느는 미소를 지으며 이렇게 대답했다.

"한꺼번에 여러 가지를 물어보시면 어떡하나요. 이상하다고 생각되는 점을 요약해서 질문해 주세요."

생각 밖의 대답에 당황한 벨르비유 부인은 우유를 탄 커피를 한 모금 마신 뒤 찬장에서 크림치즈를 꺼냈다.

"시몬느, 그럼 이거라도 좀 가져가요. 질 좋은 크림치즈거든요. 맛이 괜찮을 거예요."

벨르비유 부인은 점심 식사를 하는 내내 시몬느의 낡고 지저분해 보이는 옷이 눈에 거슬렸지만, 그것에 대해서 차마 말하지 못했다. 스물일곱 살밖에 되지 않은 젊은 처녀가 어째서 그토록 외모에 신경을 쓰지 않는지, 무슨 이유로 험한 농장 일을 하는 건지 이상하기 짝이 없는 일이었다. 벨르비유 부인은 시몬느가 왜 노동자들과 자꾸 이상한 대화를 나누는지 궁금했으나 그것에 대해서도 물어볼 수가 없었다.

"아닙니다. 지금 인도차이나의 국민들이 굶주리고 있는걸요. 이런 음식은 먹을 수 없습니다."

벨르비유 부인은 시몬느의 거절에 어안이 벙벙할 정도였다. 프랑스의 식민지인 머나먼 나라 인도차이나 국민들이 굶주리는 것과 이 조그만 크림치즈가 무슨 상관이지? 가난한 식민지 나라의 사람들이 굶는다고 해서 우리도 먹지 말고 살아야 한단 말인가? 벨르비유 부인은 시몬느가 무슨 말을 하는지 이해할 수 없었다. 다만 시몬느의 좋지 않은 안색이 걱정스러울 뿐이었다.

"그건 그렇고 3월쯤 이 농장에 다시 와서 지낼 수 있을까요? 농부들과 어울려 얘기도 나누며 지내고 싶은데요?"

시몬느는 당황해하는 벨르비유 부인은 아랑곳하지 않고 물었다.

"뭐라구요? 농장 일 하는 사람들과 어울리겠다구요?"

"예, 일도 배우고요."

"그건 안 돼요. 이 지방에서 그런 일은 있을 수 없어요. 시몬느 양이 그렇게 지내다 떠나고 나면 우리도 이 마을에서 못 살게 될 거예요."

시몬느의 말에 벨르비유 부인은 울상이 되어 말했다.

게르니카

시몬느가 스물일곱 살 되던 1936년, 스페인에서는 내전이 일어났다. 1936년 2월 19일 스페인 제2공화국의 인민전선 정부가 수립된 데 반대하여 군부를 주축으로 하는 파시즘 진영이 일으킨 내전이었다. 반란군 프랑코 장군 쪽은 독일과 이탈리아의 지지를 받았고, 인민전선 정부 쪽은 러시아의 지원을 받았다.

프랑스의 지식인들은 스페인으로 건너가 각각 자신의 생각에 따라 프랑코 장군 편에 참여하기도 하고, 인민전선 정부 편에 서기도 했다. 역시 가만히 앉아 있을 수 없었던 시몬느도 종군 기자증을 얻어 스페

인 바르셀로나로 향했다.

페르피냥을 거쳐서 스페인 국경을 넘은 시몬느는 바르셀로나에 도착했다. 그리고 인민전선 측 군대에 합류했다. 때는 무더운 여름이었다.

시몬느가 다른 기자들과 헤어져 에브로 강변의 피냐에 도착했을 무렵, 그 주변의 주요 부대를 맡고 있는 지도자는 카타란 노동자 연맹의 두루티에였다. 시몬느가 피냐에서 두루티에에 관한 기사를 썼으며, 카타란 부대와 아라공 부대에서 활약하는 외국인들로 이루어진 집단에 들어가게 되었다. 시몬느는 그 집단의 구성원이었던 프랑스 인 리델과 카펜티에르에게서 난생 처음 총 다루는 법을 배우기도 했다.

전쟁터에 선 시몬느는 공중에서 퍼붓는 폭격을 피해야 했고, 눈앞에서 펼쳐지는 전쟁을 지켜보아야 했다. 그러나 의욕과 달리 그녀는 총을 잘 다루지 못했다. 그녀는 총에 익숙지 못했고, 총을 잘 쏘기에는 눈이 너무 나빴다.

전쟁의 포화 속에서 시몬느는 분노를 느꼈다. 반대편 시민을 무차별하게 학살하는 프랑코 장군 측의 만행에 분노했고, 그와 똑같은 만행을 저지르는 자기편 인민전선의 만행에도 분노를 참을 수 없었다. 이념에 따라 일어난 스페인 내전은 결국 권력 투쟁일 뿐이었고, 그 때문에 선량한 일반인들이 무고한 목숨을 잃었다.

1937년 스페인 내전 중에는 소도시 게르니카에 독일 나치의 공군기들이 세 시간 동안 무려 32톤이나 되는 폭탄을 퍼부은 일이 있었다. 이

폭격으로 게르니카는 폐허로 변했다. 독일 공군기들은 피신하는 주민들까지 기관총으로 공격했다.

스페인 내전 당시 프랑스에 있던 피카소는 조국에서 벌어진 학살 행위를 고발하고자 2개월 만에 그림 한 점을 그려 그해 파리 국제 전시회에 공개했다. 그 그림이 바로 그 유명한 〈게르니카〉다. 그림에는 말에 올라탄 사람 아래 여러 사람들이 짓밟혀 있는 것이 보인다. 말은 히틀러의 나치 정권을 의미하고, 말 위의 사람들은 프랑코 장군의 군부 쿠데타 세력을 의미한다.

이른 아침, 부대에서 눈을 뜬 시몬느는 죽음이 그리 먼 곳에 있지 않다고 느꼈다. 언제 어느 때 포탄이 날아와 자신이 잠자고 있는 자리를 덮칠지 알 수 없는 일이 아닌가.

시몬느는 긴장 때문에 피로해진 몸을 일으켜 머리맡에 벗어 두었던 안경을 집어 썼다. 오늘은 또 무슨 일이 벌어질까. 눈을 뜨자마자, 늘 두통에 시달리는 머리가 지끈거리기 시작하는 것 같았다.

시몬느는 간단히 세수를 끝낸 뒤 아침 식사를 타러 가기 위해 걸음을 옮겼다. 부대에서 지급되는 음식은 형편없었지만, 그 때문에 불편하지는 않았다. 시몬느는 늘 맛없고 턱없이 부족한 음식에 길들여져 왔기 때문이었다. 불편한 잠자리도 마찬가지였다. 시몬느는 프랑스에서도 항상 춥고 불편한 잠자리에서 지내 왔기에 먹고 자는 데 따르는 어려움은 전혀 느끼지 못했다.

'오늘은 리델이나 카펜티에르에게 총 쏘는 법을 더 배워야겠어.'

하지만 시몬느는 자신이 쏜 총으로 누군가를 죽이고 싶지는 않았다. 사실, 시몬느는 이웃 나라에서 전쟁이 벌어진 것을 강 건너 불처럼 지켜볼 수 없기에 죽음을 무릅쓰고 전쟁터로 달려온 것이었다. 그러나 그렇다고 해서 다른 사람을 죽이고 싶은 마음은 없었다. 전쟁으로 인해 선량한 시민들이 다치는 것을 가장 걱정했던 시몬느가 아닌가. 총을 쏠 수도 없고, 쏘지 않을 수도 없다는 모순, 그것이 시몬느의 문제였다.

식사를 받기 위해 걸어가던 시몬느는 어디선가 들려오는 쿵 하는 소리에 위쪽을 쳐다보았다.

"아악, 앗 뜨거!"

시몬느는 자기도 모르게 소리를 지르고 말았다. 걸음을 옮기던 중 잘못해서 취사병이 올려놓은 냄비를 건드리고 만 것이었다. 시몬느가 냄비를 차는 순간 냄비에 담겨 있던 끓는 기름이 흘러 시몬의 발에 떨어진 모양이었다.

"아 뜨거. 뜨거."

시몬느는 그 자리에서 팔짝팔짝 뛰다가 땅바닥에 주저앉고 말았다.

"세상에! 이게 무슨 일이야!"

냄비를 올려놓았던 취사병이 달려와 시몬느의 발 위에 우선 차가운

물을 쏟아 부었다. 시몬은 고통을 참지 못하고 계속 비명을 질러 댔다.

프랑스 인인 카펜티에르도 시몬느의 비명을 듣고 부리나케 달려왔다. 카펜티에르는 시몬느의 왼쪽 발을 잡고 조심스럽게 신발을 벗겼다.

"괜찮아요, 시몬느?"

카펜티에르가 물었지만 시몬느는 고통을 참느라고 대답을 하지 못했다.

그나마 신발을 신고 있어서 덜 데긴 했으나 양말이 살에 달라붙어 잘 벗겨지지 않았다. 카펜티에르가 양말을 벗겨 내는 동안 시몬느는 이를 악물고 고통을 참아야 했다.

"아…… 아…… 아앗!"

"시몬느, 조금만…… 아파도 참아요."

간신히 양말을 다 벗기고 나서 보니 기름에 덴 바람에 양말에 살점이 묻어 나왔다. 보기 딱한 광경이었다. 앙상한 시몬느의 발은 눈 뜨고 보기가 힘들 정도였다.

왼쪽 발에 심하게 화상을 입은 시몬느는 다리를 붕대로 감아야 했다. 간단한 치료를 받은 뒤 다시 부대로 돌아온 시몬느를 보고 카펜티에르는 돌아갈 것을 권유했다. 무더운 여름에 심한 화상을 입은 채 부대에 남아 있다가는 다리를 못 쓰게 될지도 모른다는 말이었다.

"그럴 수 없어요. 이렇게 떠나려고 부대에 들어온 게 아니에요. 죽고 사는 전쟁터에서 화상이 대수겠어요?"

"안 됩니다. 이렇게 다쳐서 부대에 남아 있다간 큰일 나요. 상처가 덧나면 다리를 잘라야 할지도 모릅니다. 이런 상태로 부대에 있어 봐야 전투에 나가지도 못하잖아요."

"이렇게 혼자 떠나고 싶지는 않아요……."

그러나 시몬느는 어쩔 수 없이 눈물을 머금고 부대를 떠날 수밖에 없었다. 부대에 남아 있고 싶었으나, 그랬다가는 오히려 부대원들에게 짐이 될 뿐이었다. 시몬느는 마음속으로 실수로 화상을 입은 자신을 질책했다.

'난 정말 실수투성이야. 스페인까지 건너와서 이렇게 돌아가야 하다니……. 난 정말 바보야.'

배를 타고 바르셀로나로 돌아온 시몬느는 그곳에서 시몬느를 찾아 스페인으로 온 부모를 만났다. 시몬느가 화상을 입었다는 소식에 가만히 앉아 있을 수 없어 달려온 것이었다. 아버지는 밝은 표정으로 포옹하는 딸의 얼굴을 보고 안심했다가 왼발의 상처를 보고 깜짝 놀라고 말았다. 상처는 아주 심했고, 붕대는 엉터리로 감겨 있었다. 무더위에 언제 어떻게 될지 모를 지경이었다.

"아니, 환자를 이렇게 내버려 두다니! 대체 이게 치료를 받은 거란 말이냐? 대체 어떤 돌팔이가 이렇게 치료했단 말이야!"

의사인 아버지는 딸의 다리를 보고 분통을 터뜨렸다.

"괜찮아요. 걱정 마세요. 하나도 아프지 않은걸요. 뭐 하러 여기까지

오셨어요?"

시몬느는 잠시 스페인의 시트게 병원에 입원을 했다가 곧 퇴원해서 의사인 아버지에게 치료를 받았다. 시트게 병원에서는 시몬느가 고열 때문에 이를 딱딱 맞부딪치고 있어도 아무도 들여다보지 않았다. 그 광경을 지켜본 아버지는 참지 못한 나머지 곧장 시몬느를 숙소로 데려왔다. 그리고 자신의 손으로 직접 딸을 돌보았다.

"세상에, 환자의 몸이 팔팔 끓어도 간호사 한 명 오지 않는 병원이 병원이란 말이냐? 그곳에 눕혀 놓았다간 산 사람도 죽겠다. 차라리 내가 직접 방에서 치료하는 게 낫겠어. 이런 나쁜 놈들."

"아버지, 화내지 마세요. 전쟁 중에 의사 한번 못 보고 죽는 사람이 한두 명인 줄 아세요? 그들을 기다리는 사람들은 저보다 더 급한 환자들이에요. 저는 문제없어요. 시간이 있으시면 차라리 다른 사람들을 좀 돌봐 주세요."

시몬느는 화상 치료를 받으면서도 프랑스로 돌아가기를 거부했다. 시몬느의 부모는 우선 프랑스 병원으로 가서 좀처럼 낫지 않는 다리부터 치료해야 한다고 그녀를 설득했다.

"시몬느, 다리가 다 나은 다음에 다시 스페인으로 돌아와도 되잖니. 제대로 된 병원에 입원하지 않으면 다리가 어떻게 될지 모른다. 평생 목발을 짚고 살고 싶니?"

시몬느의 부모는 간곡하게 설득했다.

"아무 결실도 맺지 못한 채 이렇게 떠날 수는 없잖아요. 이곳에선 지금도 수많은 사람들이 생명을 잃고 있어요. 이런 부상쯤은 아무것도 아니죠."

"아무것도 아닌 게 아니야. 고집은 그만 부리고 아버지 말도 좀 들어봐라. 이곳이 아니더라도 네가 일할 곳은 많잖니."

"내가 나무 열매도 맺지 못하고, 뿌리도 내리지 못하는 씨앗 같아요. 괴로워서 견딜 수가 없어요."

결국, 부모의 간청을 뿌리치지 못한 시몬느는 국경을 넘어 프랑스로 돌아왔다. 목발에 의지해 간신히 파리로 돌아온 시몬느는 그녀가 몸담고 있었던 부대가 전멸했다는 소식을 전해 들었다. 만약 화상을 입어 부대를 떠나지 않았더라면 시몬느도 부대원들과 함께 그곳에서 생명을 잃었을 것이었다. 시몬느는 자신이 살아남았다는 사실에 기뻐하기보다 슬퍼했다. 그들이 몰살당하고 자신만 살아남을 것이라고는 상상도 하지 못했다.

스페인에서 돌아온 시몬느는 스페인의 내전을 국제 전쟁으로 확대시킨 사람들을 비난하고 평화주의를 지지하는 글을 잡지에 발표했다. 시시때때로 전멸당한 부대원들의 얼굴이 머릿속에 떠올라 견딜 수가 없었다.

'있을 수 없는 일이야. 그 많은 부대원들이 전부 저 세상 사람이 되었다니. 어떻게 그렇게 참혹한 일이……. 나만 사지에서 빠져나오다

니, 그들에게 정말 미안해.'

가끔은 부대원들과 폭탄을 피해 다니는 악몽을 꾸어 잠을 설치기도 했다. 그녀에게 따뜻하게 대해 주고 총 쏘는 법, 탄환 넣는 법을 친절하게 가르쳐 주었던 부대원들의 얼굴을 떠올리면 눈물이 뚝뚝 떨어져 내리곤 했다. 그녀는 다 낫지 않은 다리를 끌고 스페인의 평화 회복을 위해 뛰어다녔다. 그러나 그런다고 해서 마음의 빚이 사라지는 것은 아니었다.

몇 년 뒤 스페인에서는 시몬느가 지지했던 인민전선 정부가 결국 패배하고 말았다. 1939년 1월 26일 바르셀로나는 프랑코 군에게 점령되었고, 영국과 프랑스도 프랑코 정권을 승인하였다. 3월 28일 프랑코 군이 마드리드에 들어감으로써 내전은 끝나고, 스페인에서는 프랑코 체제가 성립되었다. 아무 잘못 없는 사람들의 목숨을 수없이 빼앗아 간 의미 없는 전쟁은 그렇게 막을 내리고 말았다.

스페인 내전

1936년 2월, 스페인에서는 노동자, 농민의 지지를 받는 인민전선 정부에 의해 공화국이 성립됐다. 그러자 인민전선 정부에 반대하는 군부 파시즘 진영은 프랑코 장군의 지휘하에 쿠데타를 일으켜 수도인 마드리드로 진격하기 시작했다. 대지주와 대자본은 군부 파시즘 진영을 지원했다. 독일과 이탈리아, 포르투갈도 반란을 일으킨 프랑코 장군 측에 무기 · 대포 · 비행기 등 군사원조를 제공했다.

인민전선 정부 측에서는 반란을 막기 위해 시민군이 결성되었다. 독일의 세력이 커지는 것을 염려한 소련은 인민전선 정부를 지원했다. 프랑스와 영국은 중립을 지켰다. 결과적으로 스페인은 독일, 이탈리아와 소련의 대결장이 되어 엄청난 희생을 낳았다.

마침내 1939년 3월 프랑코 장군은 75만 명의 희생자를 낸 내전에서 승리하여 수도 마드리드를 함락시켰다. 그로 인해 내전은 끝났고, 프랑코 체제가 성립했다. 전쟁이 끝난 후, 독일과 이탈리아 군대는 스페인에서 철수했다. 그러나 스페인 내전은 앞으로 있을 세계 대전을 예고하는 비극적 사건이었다.

5. 예술적 감성이 눈뜨다

예술의 나라 이탈리아

1937년 1월, 전쟁으로 몸과 마음이 지친 시몬느는 부모의 권유에 의해 스위스 몬타나로 치료를 받으러 떠났다. 그러나 그녀는 그곳에서도 펜을 놓지 않고 줄기차게 글을 써서 발표했다. 시몬느가 몬타나에서 써서 잡지에 발표한 것으로 〈제2의 트로이 전쟁을 피하자〉라는 글이 있는데, 이 글은 전쟁의 무의미함과 잔인성을 격렬하게 비판하는 내용이었다.

시몬느는 몬타나의 병원에서 치료받는 동안 뜻하지 않게 좋은 친구 한 사람을 만나게 되었다. 그녀처럼 몬타나 병원에서 치료를 받던 장

포스테르냐크라는 의대생이었다. 시몬느는 글을 쓰다가 지치면 그에게 가서 그의 축음기와 레코드로 좋아하는 음악을 듣곤 했다. 시몬느는 음악과 미술, 문학을 좋아하면서도 노동운동에 앞장서느라고 실컷 즐기지 못하고 지냈다.

사실, 폴란드 태생인 어머니는 음악과 예술에 조예가 깊은 집안에서 태어났다. 라인헤르츠 집안 사람들은 대대로 예술에 재능을 보여서 시몬느의 외할아버지는 시인이었고, 외할머니는 피아니스트였다. 어머니는 어릴 때부터 성악에 뛰어난 재능을 보였다. 예술에 관심이 많고 감수성이 뛰어난 어머니는 시몬느의 가장 큰 지원자였다.

"장, 너는 이탈리아에 가 본 적이 있다고 했지?"

의자에 앉아 조용히 음악을 듣고 있던 시몬느가 포스테르냐크에게 물었다.

"물론이지. 왜, 이탈리아에 갈 계획이라도 있어?"

"아무래도 유럽에서 곧 전쟁이 날 것 같아. 전쟁이 나기 전에 이탈리아에 한번 다녀왔으면 하는데……. 그곳 파시스트들이 어떤 생각을 하는지 내 눈으로 확인하고 싶기도 하고."

시몬느가 뭔가 골똘히 생각하는 표정이었다.

"원한다면 내 친구 하나를 소개시켜 줄까? 젊은 파시스트 당원 한 명을 알고 있어."

"정말?"

"그렇다니까. 안 그래도 이탈리아는 여행을 해 볼 만한 나라잖아. 예술의 나라 이탈리아!"

포스테르냐크는 듣고 있던 바흐의 〈브란덴부르크 협주곡〉 볼륨을 높였다. 그리고 자신이 들고 있던 공책 한 귀퉁이에 주소를 적어 시몬에게 찢어 주었다.

"자, 시시한 병은 빨리 떼어 버리고 뜨거운 태양의 도시를 느껴 보라구. 그곳에서는 누구라도 열정이 샘솟을 거야."

"그래, 좋아."

시몬느와 포스테르냐크는 술잔을 부딪쳤다.

그해 봄, 시몬느는 이탈리아로 여행을 떠났다. 시몬느는 건강이 완전히 좋아지지 않았지만 뜨거운 이탈리아의 태양 아래 활기를 되찾았다. 이탈리아 북부의 도시 밀라노에서는 라 스칼라 극장에 들러 베르디의 오페라《아이다》를 관람했고, 아담한 카페에서 붉은 포도주 한 잔을 마시며 포스테르냐크에게 편지를 쓰기도 했다.

"밀라노는 혼잡한 도시지만 마음에 들어. 사람들은 모두 좋고. 나는 지금 피아자 베카리아에 있는 아늑한 카페에서 편지를 쓰고 있어. 방금 종업원이 와서 내 어깨 너머로 내가 무엇을 쓰고 있는지 들여다보는군. 내가 쳐다보자 그는 얼굴 가득 아주 멋진 미소를 지었어."

이탈리아 토스카나 지방의 뜨거운 태양 아래에서 자란 포도로 빚은

포도주는 설명할 수 없을 만큼 달콤했다. 오랫동안 검소하다 못해 빈곤하기 짝이 없는 생활을 해 온 시몬느였으나, 이탈리아에서만은 아주 작은 사치를 맛보기로 했다.

시몬느는 아름다운 도시 밀라노를 떠나 볼로냐에 갔고, 또 볼로냐를 떠나 로마에 도착했다. 로마에서 그녀가 제일 먼저 들른 곳은 사도 베드로를 비롯하여 초기 로마 교회 순교자들의 무덤이 안치되어 있는 성 베드로 대성당이었다.

시몬느는 하나의 거대한 예술품 자체인 성 베드로 성당에 압도되었고, 흠뻑 매료되었다. 르네상스의 거장 미켈란젤로가 조각한 피에타 상 앞에 서자 자신도 모르게 "자비의 성모님······"이라는 말과 함께 눈물이 핑 돌았다. 노동 일기를 쓰면서 느꼈던 세상에 대한 분노와 스페인 내전을 겪으며 맛보았던 좌절감을 성모님의 손이 천천히 쓰다듬어 주시는 것 같았다.

피에타 상 앞에서 발걸음을 옮긴 시몬느는 성당 왼쪽의 대회랑으로 걸어갔다. 그곳은 대성당 중앙 제대의 왼쪽 부분에 해당되는 곳으로 로마 황제 네로의 경기장 일부분이었다는 말이 전해오는 곳이었다.

'이곳에서 사도 베드로가 십자가에 거꾸로 매달려 순교하셨다지.'

시몬느는 마음속으로 잠시 기도를 한 뒤 생각에 잠겼다. 예수와 순교 성인들의 고통, 그리고 희생에 비하면 자신이 느낀 아픔은 아무것도 아니었다는 생각이 들었다. 시몬느는 그곳에서 세상을 위해 조금 더 값있는 일을 할 수 있다면 자신의 생명쯤은 얼마든지 바치겠다는 다짐을 했다.

이윽고 아시시에 들른 시몬느는 성 프란체스코가 기도 생활을 했다는 폴티웅크라 소성당에서 참배를 했다. 그녀는 정식으로 세례를 받은 신자가 아니었으나 제단에 엎드려 기도를 했다. 시몬느는 오래 전부터 성 프란체스코의 청빈 정신을 따르려 노력하고 있었다.

훗날 시몬느는 소성당에 들어가는 순간, 자신보다 더 위대한 힘이 존재한다는 것을 절실하게 느꼈다고 말했다. 포르투갈의 바닷가에서 기독교 신앙에 눈 뜬 이래 그녀는 불행을 이해하는 것이 기독교 신앙의 핵심이라고 믿었고, 그러기에 신에게 기도할 수 있었던 것이다.

이탈리아에서 여행을 하며 지낸 나날은 시몬느의 일생에서 가장 행복했던 시간이었다. 피렌체를 둘러본 시몬느는 그곳이 여지껏 가 본 곳 중에서 가장 아름다운 도시라고 감탄을 거듭했다.

'이곳은 도시 전체가 예술이야. 이렇게 아름다운 도시가 있을 줄 몰랐어.'

시몬느는 도시가 한눈에 보이는 언덕 위로 올라가 피렌체 시가지를 내려다보았다.

'이곳 두오모 성당은 정말 아름답구나. 밀라노의 두오모 성당도 장엄하고 화려하지만, 피렌체의 두오모 성당도 나름대로 매력이 있는걸. 내가 이곳에 다시 올 수 있을까?'

시몬느는 붉은 노을이 피렌체 시가지 위로 내려앉을 때까지 자리를 떠나지 못했다. 시몬느가 태어나서 자란 파리도 멋진 도시였지만, 이탈리아의 도시들은 파리와 다른 독특한 분위기를 가지고 있었다. 이탈리아의 뜨거운 태양과 오랜 역사와 뛰어난 예술가들의 작품, 이 세 가지가 한데 어우러진 도시에서 시몬느는 새로운 자극을 받지 않을 수 없었다. 노동자를 위한 투사로 지내는 동안 잊고 지냈던 예술에 대한 동경이 이탈리아 여행을 통해 다시 흘러넘치게 된 것이었다.

이탈리아를 돌아보면서 그곳의 아름다운 자연과 광대한 로마 유적을 한껏 구경한 시몬느는 6월 초에 이르러 파리로 돌아왔다. 그렇지만 파리에 돌아온 뒤에도 이탈리아의 아름다운 풍광과 낙천적인 사람들의 흥겨운 웃음이 머릿속을 떠나지 않았다.

무엇보다도 이탈리아 여행은 시몬느에게 숨겨져 있던 예술을 향한 욕구를 일깨워 주었다. 이탈리아에서 르네상스를 일으킨 힘은 메말랐던 시몬느의 마음속에서도 르네상스를 일으킨 것이었다. 시몬느는 늘 쓰고 있는 엄청난 분량의 논문 외에 아름다운 언어로 마음을 움직일 수 있는 시를 쓰고 싶었다. 좋은 그림과 공연도 구경하고 싶었다.

시몬느는 이탈리아에서 돌아오자마자 연극 〈엘렉트라〉를 관람했고, 돌로 조그만 조각을 깎았다. 〈프로메테우스〉와 〈어느 날〉이라는 제목의 시를 써서 프랑스 시인 발레리에게 보여 주기도 했다. 또한 시몬느는 포스테르냐크에게 자신이 매혹된 아라비아의 로렌스, 그리고 고야의 그림에 대해 편지를 써 보냈다. 시몬느는 고야를 다빈치, 지오토, 마사치오, 렘브란트와 같은 영혼에 호소하는 위대한 화가라고 평가했다. 이탈리아 여행은 잠자고 있던 시몬느의 예술적 영감에 불을 지핀 셈이었다.

사랑

그해 10월, 오랜 휴가 기간을 마친 시몬느는 생 캉탱의 여자고등학교로 복직했다. 그러나 두통이 점점 더 심해지는 바람에 다음해인 1938년 1월에 병가를 얻을 수밖에 없었다.

요양을 위해 휴가를 얻은 시몬느는 그레고리안 성가를 듣고 싶다는 생각으로 솔레메의 베네딕트 수도회를 찾았다. 예전에 솔레메에서 들었던 그레고리안 성가를 잊을 수 없었기 때문이었다. 베네딕트 수도회는 그레고리안 성가로 유명한 곳이었다.

수도원에서 열리는 부활절 미사는 늘 많은 신자들로 붐볐다. 시몬느의 아버지는 시몬느와 시몬느의 어머니를 위해 어렵게 자리를 구했다. 덕분에 시몬느는 성지 주일부터 부활절인 화요일까지 열흘 동안 솔레메에 묵을 수 있었다.

솔레메에서 시몬느는 건강상의 어려움을 무릅쓰고 하루 여덟 시간 이상 성제와 묵상에 전념했다. 시몬느는 그녀가 그토록 듣고 싶어 했던 그레고리안 성가를 베네딕트 수도회의 성당에 앉아 들을 수 있다는 것에 기뻐하고 감사했다. 성가를 듣는 동안에는 자신을 괴롭히던 두통도 잠깐 동안이나마 힘을 못 쓰고 잦아드는 것 같았다.

부활절 주간의 성 목요일 미사에 참석한 시몬느는 그동안 그녀를 고민하게 했던 모든 문제들을 옆에 밀어 놓고 미사에 몰두했다. 시몬느는 세례를 받지 않은 사람이었지만, 그 순간만은 신을 향한 믿음으로 가슴이 충만해지는 것을 느꼈다.

"사랑과 진실이 눈을 맞추고
정의와 평화가 입을 맞추리라.
땅에서는 진실이 돋아 나오고
하늘에선 정의가 굽어보리라."

성당 안에서 〈화답송〉의 한 구절이 아름답게 울려 퍼졌다. 그것을 듣고 있던 시몬의 코끝이 시큰해졌다. 시몬느는 근시의 눈으로 성당 안의 색유리창을 바라보았다. 어떤 설명할 수 없는 환희가 자신의 가슴을 따뜻하게 데워 주는 것 같았다. 시몬느는 그 느낌을 주체할 수 없어 살며시 눈을 감았다 떴다. 그동안 그녀 안에 쌓여 있는 고통과 분노가 눈이 녹듯 천천히 녹아 내려가는 것을 느낄 수 있었다.

시몬느는 손바닥으로 자신의 얼굴을 감싸 안았다. 어머니는 시몬느가 두통 때문에 괴로운 줄 알고 아주 작은 소리로 시몬느에게 물었다.

"시몬느, 머리 아프니? 괜찮니?"

시몬느는 대답하지 않고 오른손으로 천천히 성호를 그었다. 그녀는 이 순간 자신이 느낀 신의 은총과 그로 인한 충만감을 영원히 잊을 수 없을 거라고 생각했다.

솔레메의 성 베네딕트 수도원에서 지내던 시몬느는 한 영국인 청년을 알게 되었다. 시몬느는 그에게서 영국의 형이상학파 시인들에 대한 이야기를 들었다. 특히 영국의 시골 마을에서 성직자로 지내며 평생 기도와 명상과 창작에 힘썼다는 조지 허버트에 대한 이야기는 시몬느에게 커다란 영향을 끼쳤다. 형이상학파 시인 가운데 한 사람인 조지 허버트의 종교시 〈사랑〉은 그 후로 시몬느가 두고두고 즐겨 읊는 시가 되었다.

"저는 여기에 들어갈 만한 손님이 못 됩니다. 하고 대답하자 사랑은 말했다. 그대가 바로 그 손님이 되리라."

시몬느는 머리가 심하게 아파서 죽을 것 같은 고통을 느낄 때마다 조지 허버트의 〈사랑〉을 몇 번이고 반복해서 외우곤 했다.

"사랑은 내 손을 잡고 웃음을 띠며 말한다. 나말고 누가 그대의 눈을 만들었는가?"

숨이 넘어가는 고통 속에서도 시의 한 구절, 한 구절을 되뇌고 있노라면 고통이 잦아드는 것 같았다. 조지 허버트의 시 〈사랑〉은 시몬느에게 마치 간절한 기도와도 같은 역할을 해 주었다. 시몬느는 마치 기도문을 외우듯 시시때때로 〈사랑〉을 읊곤 했다.

시몬느는 솔레메에서 영적인 충만감을 얻은 채 파리로 돌아왔다. 파리에 돌아온 그녀는 영국인 청년을 통해 알게 된 형이상학파 시인들의 작품을 구해 읽었다. 시몬느가 구해 읽은 시들은 이탈리아의 아름다운 도시들처럼 그녀의 영혼을 움직였다. 시몬느는 가까운 사람들에게 조지 허버트의 〈사랑〉을 들려주기도 하고, 종이에 적어 건네주기도 했다.

그 후로 시몬느는 기독교 신앙에 대한 공부를 계속하는 한편 그 밖의 다른 종교에 관해서도 폭넓게 공부했다. 《바빌론과 아시리아의 종교》《길가메시 서사시》《바가바드기타》등 다양한 책을 통해 종교사에 대해 연구했다. 철학와 이성으로 똘똘 뭉쳐 있던 그녀의 세계가 종교를 향해 열리기 시작했다는 것을 다른 사람들이 알게 된 것은 좀더 시간이 흐른 뒤였다.

솔레메에서 파리로 돌아온 시몬느는 그해 5월 두 번째 이탈리아 여행을 위해 피렌체로 떠났다. 이탈리아 여행을 다녀온 뒤로 내내 그곳을 잊지 못하고 지낸 터였다. 시간이 충분하지 못해 마음껏 이 도시 저 도시 구경하지 못한 점도 아쉬웠고, 물의 도시 베네치아에 들르지 못한 것 때문에 속이 상하기도 했다. 이번에는 지난 여행 때 보지 못한 것들을 꼭 챙겨 보리라 하고 시몬느는 다짐했다. 시몬느는 어머니와 베네치아에서 만나기로 약속을 하고 파리를 떠났다.

시몬느는 피에졸레에서 파두아로, 파두아에서 베네치아로 부지런히

옮겨 다니며 이탈리아의 곳곳을 구경했다. 파두아에서는 지오토의 벽화를 보았고, 아솔로 교외에서는 성 안젤로 교회의 벽화를 보았다. 여행 중 하루는 어머니와 함께 원형극장에 가서 베르디의 오페라 《나부코》를 관람하기도 했다. 베네치아 산 마르코 광장의 노천 카페에서 뜨거운 커피를 마시는 동안에는 자신이 세상에서 가장 행복한 사람 같았다.

"엄마, 내 생애에서 이렇게 행복한 때는 또 없을 것 같아요."

시몬느는 산 마르코 광장 위를 나는 비둘기 떼를 보며 말했다.

"그게 무슨 말이니. 넌 아직 젊은데. 앞으로는 더 재미있는 일들이 많을 거야."

"그냥 왠지 그런 생각이 들어요. 왠지……."

시몬느의 얼굴은 티 없이 밝아 보이기도 하고, 또 어떻게 보면 조금 쓸쓸해 보이기도 했다.

"그런 말 말아라. 넌 이곳에 다시 올 수도 있고, 더 아름다운 곳에 갈 수도 있어. 다음엔 한겨울의 이탈리아를 구경하러 올까? 우린 동양에도 가 보지 못했잖니. 안 가 본 곳이 더 많아."

어머니는 아직 젊은 딸이 늘 불행한 삶만 쫓아다니는 것이 안타까웠다. 시몬느의 부모는 시몬느를 가장 지지하며 또, 가장 사랑하는 사람들이었다. 시몬느의 이상을 완벽하게 이해할 수는 없어도 가족이기에 변함없이 사랑할 수 있었다.

"그래요. 언젠가 이곳에 다시 와서 이렇게 커피를 마시는 날이 또 올

지도 모르겠죠."

　봄을 맞이한 이탈리아의 도시들은 시몬느의 마음까지도 화창하게 비추어 주었다. 수백 년이 지난 유적과 갓 피어난 꽃들이 이루는 조화는 퍽 기묘한 것이었다. 시몬느는 오래된 건물과 건물 사이를 오가며 봄 햇살에 자신의 야윈 몸을 맡겼다. 뜨거운 햇볕 아래에서라면 누구라도 사랑을 하지 않고 견딜 수 없을 것 같았다. 뜨거운 햇살을 받으며 사는 이탈리아 사람들은 독일이나 프랑스 사람들보다 더 쾌활하고 열정적으로 보였다. 덕분에 시몬느 역시 여행 내내 흥겨운 마음과 밝은 표정으로 거리를 쏘다닐 수 있었다.

파리 함락

시몬느가 이탈리아 여행을 다녀온 다음 해인 1939년, 마침내 제2차 세계 대전이 시작되었다. 시몬느는 체코슬로바키아의 학생 폭동이 독일군에 의해 무력적으로 진압되었다는 소식을 전해 들었다. 그 소식에 충격과 분노를 함께 느낀 시몬느는 체코슬로바키아를 지원하기 위해 육군 지원 부대와 낙하산 부대를 보내야 한다고 주장했다.

"이웃 나라의 고통을 그냥 지켜볼 수는 없어요. 그러고도 프랑스가 자유와 평화를 사랑하는 나라라고 말할 수 있나요? 당장 그들을 독일군의 손에서 구해 내야 해요!"

1939년 11월 30일 소련은 핀란드를 침공했다. 이때 핀란드에 머무르고 있던 시몬느의 오빠 앙드레 베이유는 스파이라는 오해를 받고 스웨덴 국경 경찰에 의해 한동안 억류되었다. 스파이 혐의가 풀린 앙드레는 우여곡절 끝에 프랑스 행 배에 탔다. 그러나 군복무에 대한 서류가 잘못 작성된 탓에 3주 동안 형무소에 갇혀 있어야 하는 곤란을 겪게 되었다. 시몬느를 비롯한 그녀의 가족들은 오빠에게 일어난 뜻밖의 재난 때문에 가슴을 졸여야 했다.

앙드레는 결국 루엥에 위치한 군사 형무소로 이송되었다. 시몬느는 앙드레를 위해 면회를 가기도 하고, 앙드레가 좋아하는 수학을 주제로 편지를 보내기도 했다. 시몬느의 편지는 때론 수학을, 때론 철학자 니체와 그리스 사상을 이야기했다. 조지 허버트의 시 〈사랑〉을 적어 보내 주는 것도 잊지 않았다.

앙드레는 재판 끝에 5년의 금고형을 받았다. 전쟁 중이었기 때문에 쉽게 석방될 수 없었던 것이었다. 앙드레는 항소를 하는 대신 전투 부대에 가기로 마음먹었다. 그래서 줄곧 책상 앞에서 공부만 해 온 수학자 앙드레는 보병이 되어 참전하게 되었다.

시몬느의 노력에도 불구하고 체코슬로바키아에 육군 지원 부대와 낙하산 부대를 보내려 했던 계획은 이루어지지 못했다. 시몬느는 자신의 주장이 받아들여지지 않은 것에 대해 큰 실망을 느꼈다. 그러나 다시 의욕을 되찾아 제의한 것이 간호 부대를 파견하자는 계획이었다.

과거 스페인 내전에 참가해 본 경험이 있는 시몬느는 전투 중 부상당한 사람들의 고통을 안타깝게 생각했다. 간호 부대가 참전한다면 부상당하고 죽어 가는 사람들의 고통을 훨씬 덜 수 있을 것이라 믿었다. 물론 전쟁에 참가하는 간호사들의 생명까지 위태로울 수도 있었다. 그래도 간호 부대를 만들어 파견하는 일은 의미 있는 일이 될 것이라는 생각에서 시몬느는 자신의 주장을 강력하게 이야기했다.

시몬느의 주장에도 불구하고, 간호 부대 창설 계획은 첫 번째 계획과 마찬가지로 거부되었다. 어떤 사람들은 미친 짓이라고 비난하기도 했다. 그리고 그 사이 독일은 덴마크와 벨기에를 점령했다. 그것은 독일의 프랑스 침입이 멀지 않았다는 불길한 신호였다.

곧이어 시몬느의 가족이 살고 있던 오귀스트 콩트 거리는 남쪽으로 피난을 가는 사람들과 자동차로 분주했다. 파리도 드디어 전쟁의 소용돌이에 휩싸인 것이었다. 독일군은 벌써 파리 근교에 와 있었다.

"쾅쾅쾅! 쾅!"

시몬느는 폭격 소리에 잠이 깼다. 시계를 보니 아직 새벽이었다.

"시몬느, 우리 정말 괜찮을까?"

시몬느의 집에 와서 머물고 있던 친구 시몬느 페트르망이 시몬느의 방 안으로 들어오면서 물었다. 페트르망은 몹시 겁이 난 눈치였다. 아직 잠옷을 입고 있는 그녀의 몸이 미세하게 떨리고 있었다.

시몬느는 침대에서 일어나 테라스로 나갔다. 친구 페트르망도 시몬느를 따라 테라스로 나가 밖을 내다보았다.

"저 연기 좀 봐!"

페트르망이 말했다. 페트르망의 손가락이 가리키는 곳에서는 연기가 뭉게뭉게 솟아오르고 있었다. 보유스름하게 밝아 오는 새벽 하늘 위로 솟는 검은 연기는 해골바가지를 닮은 것 같기도 하고, 몸을 웅크린 사나운 곰 같기도 했다.

"파리 서쪽이지? 드디어 독일군이 왔군."

시몬느의 목소리는 페트르망의 겁먹은 음성과 달리 낮고 차분했다. 벌써 스페인 내전에서 죽음의 위협을 느껴 보았기 때문이었다.

"시몬느, 우리도 남쪽으로 피난을 가야 하는 것 아냐? 독일군이 들어오면 끝장이야. 난 무서워 죽겠어."

"그렇지 않아. 독일군도 우리와 똑같은 사람이야. 난 파리를 지키고 싶어. 파리를 내버려두고 다른 곳으로 도망치고 싶진 않아."

시몬느의 목소리는 단호했다.

시몬느의 부모는 한시 바삐 파리를 떠나야 한다고 시몬느를 설득했다. 독일군이 파리 시내로 들어오는 것은 시간문제로 보였다. 그렇지만 시몬느는 떠나지 않겠다고 고집을 부렸다. 시몬느를 혼자 피난을 떠나는 페트르망을 배웅하면서 자신이 쓴 시를 건네주었다.

"우리 모두 무사할 거야. 전쟁이 끝난 뒤 파리에서 만나자. 건강해."

시몬느의 말에 페트르망은 시몬느의 손을 꼭 잡았다.

페트르망이 시몬느네 아파트를 떠난 뒤, 6월 16일 파리에는 '파리는 비어 있다' 라는 공고문이 붙었다. 그것을 보자 시몬느도 더 이상 고집을 부리고 있을 수가 없었다.

"어서 리옹 역으로 갑시다. 짐 꾸릴 시간이 없어. 당장 떠나야 해."

아버지는 시몬느와 시몬느의 어머니를 재촉했다.

"어디로 어떻게 간다는 거예요?"

매사에 지혜로운 어머니도 전쟁에는 겁이 나지 않을 수 없었다.

"몰라. 어쨌든 남쪽으로 가야 해. 여기 있다간 독일군에게 개죽음당할 뿐이야."

아버지는 유대인이었기 때문에 나치의 침입이 더 두려울 수밖에 없었다. 시몬느와 어머니는 가방을 챙겨 가지고 아버지의 뒤를 따랐다.

리옹 역은 피난을 떠나려는 사람들로 북새통을 이루었다. 기차는 하나뿐인데 기차에 타려는 사람은 셀 수 없이 많았다. 기차에 타느냐, 못 타느냐에 따라 죽느냐, 사느냐가 걸려 있는지도 몰랐다. 사람들은 모두 결사적으로 기차에 타려고 아우성을 쳤다. 그야말로 아비규환이었다.

"이를 어쩌면 좋아요. 사람이 이렇게 많으니."

시몬느의 어머니는 발을 동동 굴렀다. 하지만 시몬느는 파리를 떠나는 것이 내키지 않는 듯 자꾸 뒤를 돌아보았다.

"꼭 파리를 떠나야 하나요? 난 가고 싶지 않아요."

시몬느가 말했다.

"대체 무슨 소리를 하는 거냐. 너한테는 폭격 소리가 안 들리는 거니?"

아버지는 시몬느의 팔을 억지로 잡아끌었다.

"너만 남겨 놓고 떠나란 말이니? 시몬느, 제발 고집 좀 부리지 마라."

시몬느를 야단치던 어머니는 기차에 타려는 것을 막는 역무원에게 소리쳤다.

"제 남편은 의사입니다. 기차에서 환자가 생길지 모르니 태워 주세요."

"정말 의사가 맞습니까?"

"예, 맞다니까요."

역무원은 시몬느의 아버지가 의사라는 말에 그의 가족을 기차에 태웠다.

"시몬느, 얼른 올라타!"

아버지가 짐 가방을 덥석 들어 기차에 올려놓았다. 기차가 곧 떠나려는 모양이었다. 조금만 더 늦었더라면 아주 기차를 놓쳤을 것이었다. 기차 안은 발 디딜 틈 없이 사람들로 가득했다.

"싫어요. 기차에 못 타는 사람들도 있잖아요. 나 대신 다른 사람을 태워 줘요."

시몬느는 기차에 올라타지 않고 소리를 질렀다. 아버지는 기차에 올라탔다가 도로 뛰어내려서 시몬느를 잡아끌었다.

"어서 타지 못해! 네가 타지 않으면 엄마와 나도 타지 않겠다."

시몬느는 아버지의 말에 할 수 없이 기차에 올라탔다.

리옹 역에서 시몬느네 가족을 태우고 떠난 기차는 점점 파리에서 멀어져 갔다. 기차 안의 사람들은 시간이 지날수록 편안한 표정을 지었다. 이젠 살았다는 안도감이 얼굴에 역력하게 드러났다. 그렇지만, 시몬느는 계속 기차에서 내리고 싶다고 고집을 부렸다. 무기력하게 프랑스를 떠나는 자신이 무책임하게 느껴졌기 때문이었다. 시몬느는 조국 프랑스를 지키지 않고 도망치는 것은 양심에 어긋나는 짓이며 겁쟁이와 같은 행동이라고 자책했다. 시몬느가 역에서 내리겠다고 고집을 부릴 때마다 시몬느의 부모는 그녀를 달래기도 하고 화를 내기도 해서 기차에서 내리지 못하게 막았다.

그리고 시몬느가 자책감 속에 네베르에 도착했을 때, 프랑스의 대부분이 독일군에게 점령되었다는 소문이 퍼졌다. 네베르에도 벌써 독일군 기갑 부대가 진군을 한 상태였다. 시몬느네 가족은 어쩔 수 없이 잠시 머물렀던 비쉬를 지나 마르세유 항으로 향할 수밖에 없었다.

피난지에서

독일군을 피해 프랑스를 떠나려는 사람들은 모두 마르세유 항으로 몰려들었다. 시몬느네 가족은 해변에 집을 얻어 머물렀다. 프랑스는 독일과 휴전 조약을 맺어 독일군에게 점령당한 북쪽 지역과 점령당하지 않은 남쪽 지역으로 나뉘었다.

시몬느는 마르세유에서도 마음 편하게 쉬고 있을 사람이 아니었다. 우연히 수용소에 수용된 채 노동력을 착취당하고 있는 베트남 노동자들과 외국인 노동자들을 발견한 그녀는 그들을 돕기 위해 여러 사람들에게 편지를 띄웠다. 찢어진 옷을 입고 혹사당하고 있는 베트남 노동자들의 모습을 지켜보는 시몬느의 가슴은 설명할 수 없을 만큼 고통스러웠다. 그녀는 외국인 노동자들을 착취하는 프랑스 인들을 보면서 같은 프랑스 인으로 심한 수치감을 느꼈다.

과거에도 시몬느는 잡지 편집장인 베르제리 씨에게 식민지 문제로 편지를 쓴 일이 있었다.

"프랑스에서 식민지 정책을 철회하는 데 가장 큰 장애가 되는 것은 프랑스가 제국이라는 사실입니다. 이것은 프랑스가 수백만의 독립을 막고 있다는 문제이므로 수치스럽기 그지없습니다."

시몬느는 자기가 태어나 자란 프랑스라고 해서 프랑스의 잘못을 감싸는 법이 없었다. 그녀는 평화에 장애가 되는 것이라면 무엇이든 신랄하게 비판했다. 프랑스도 예외가 될 수는 없었다. 그런 시몬느로서는 프랑스의 식민지라는 이유로 인간다운 대접을 못 받고 있는 베트남 노동자들의 불행을 그냥 두고 볼 수가 없었다. 그래서 시몬느는 그들이 하루 빨리 자신의 나라로 돌아갈 수 있도록 전력을 기울였다.

또한, 시몬느는 식민지에 자치권을 주어야 한다는 주장과 함께 다음과 같은 글을 쓴 적도 있었다.

"우리가 먼저 식민지 국민에게 자치권을 준다면 견딜 수 없는 긴장 속에 있는 그들은 광적인 국수주의에 빠지지 않고도 부분적으로나마 자유를 믿게 될 것이다. 그렇게 하지 않으면 군국주의가 전 국민의 생활을 지배하여 수많은 사람들이 비참한 신세를 면하지 못할 것이라고 생각한다."

시몬느는 이처럼 식민지 국가들이 독립한 후 국수주의에 빠질 것을 우려했다. 시몬느가 특히 우려한 일은 아랍 지역에서 국수주의가 일어날 가능성이었다. 시몬느가 다가올 세계정세에 대해 놀랄 만큼 뛰어난 예견을 가지고 있었다.

시몬느가 식량 배급표를 받아도 그것을 혼자 다 쓰지 않았다. 다른 사람들에게 나누어 주고 자신은 굶지만 않을 정도만 받았던 것이다. 게다가 부모가 받은 식량 배급표까지 얻어서 베트남 노동자의 수용소에 가져다주었다. 시몬느는 그녀의 부모가 암시장에서 식량을 사려는 것도 막았다. 굶어 죽는 사람들이 있는 상황에서 돈이 있다고 암시장의 식량을 사 먹는다는 것은 시몬느의 양심에 크게 어긋나는 행동이었기 때문이었다. 마르세유에서 시몬느를 알게 된 작가 앙드레 지드의 사위 장 랑베르는 시몬느의 그런 모습을 보고 자신의 삶을 반성하기도 했다.

장 랑베르는 바다에서 수영을 한 뒤 종종 해변에 있는 시몬느의 집에 놀러 와 이야기를 나누었다.

"나도 남자들처럼 막노동을 하고 싶어요."

"농담이죠?"

"아니오. 정말인데요."

시몬느는 매우 진지한 표정으로 말했다. 시몬느의 말에 랑베르 씨는 당황했지만 내색하지 않았다.

"남자들만 고통을 겪으라는 법은 없잖아요. 그들의 짐을 나누어 질 수 있다면 좋겠어요."

"시몬느는 모든 사람의 고통을 함께 나누려고 하는군요. 그건 불가능한 일이죠."

"왜요?"

"시몬느가 원한다고 해도 시몬에게 그런 일자리를 주는 사람은 없을 걸요. 하지만 시몬느의 얘기를 듣고 있으면 내가 너무 이기적으로 살아왔다는 생각이 들어요."

랑베르 씨의 말에 시몬느는 수줍게 웃었다.

"오늘 바다 빛깔은 어땠나요? 날씨가 무척 좋은 것 같은데."

시몬느의 질문에 랑베르 씨는 잠깐 생각하는 표정을 지었다.

"아주 짙은 초록이었던 것 같은데요."

"그래요? 바다처럼 아름다운 것도 없지요."

시몬느는 바다가 내다보이는 창 쪽을 흘끔 바라보았다.

"예, 맞아요. 전쟁으로 육지는 더럽혀졌지만 바다는 여전히 깨끗하고 아름답더군요. 사람들의 마음도 저 바다처럼 맑을 수 있다면 얼마나 좋을까요?"

"이 세상에 존재하는 모든 아름다운 것들 속에서 신의 모습을 볼 수 있는 것 같다는 생각이 들어요."

시몬느가 말했다.

"그래요. 시몬느 말이 맞는 것 같군요."

"그런 것 같죠? 아, 오늘 아침에 쓴 시가 한 편 있는데 들어 보실래요?"

"물론이지요."

시몬느는 바다가 내다보이는 창턱에 걸터앉아 자신이 쓴 시를 읽기 시작했다. 랑베르 씨는 안락의자에 기대앉아 시몬느의 맑은 음성에 귀를 기울였다. 그런 짧은 순간만은 그들도 프랑스의 절반이 함락되었다는 처참한 현실을 잊을 수 있었다.

마르세유에서 베트남 노동자들을 위해 활동하던 시몬느는 도미니크 수도원에서 난민들의 보호를 맡고 있던 장 마리 페렝 신부를 만나게 되었다. 페렝 신부를 만난 이후로 시몬느는 그에게 종교적인 고민을 상담하기도 하고 토론을 벌이기도 했다. 종교에 대한 고민이 깊어진 그녀는 산스크리트 어를 배우고, 도교와 우파니샤드를 연구했다.

그러던 중, 시몬느의 노력이 결실을 얻었다. 2,500여 명의 베트남 노동자들이 배를 타고 베트남 사이공으로 돌아가게 된 것이었다.

베트남 노동자들을 데리고 돌아가게 된 누엔 반 단은 배를 타고 떠나기 한 시간 전 시몬느네 집으로 뛰어왔다. 감사의 마음을 표하기 위해 잘 구운 닭 한 마리를 들고 온 그를 시몬느는 반갑게 맞이했다. 그러나 그가 내미는 닭은 받지 않았다.

"그건 보답을 바라고 한 일이 아니에요. 베트남은 당연히 빠른 시간 안에 독립을 해야지요. 식민지 국가의 독립이 늦어질수록 그 나라의 미래에 나쁜 영향을 끼칠 것 같아요. 한 사람의 프랑스 인으로 프랑스의 욕심이 부끄러울 뿐이에요."

"시몬느가 보답을 바라고 한 일이 아니란 건 우리 모두 알아요. 이건 그냥 감사의 표시예요."

"저는 이렇게 비싼 음식을 먹지 않아요. 빵이면 충분하답니다."

시몬느는 웃으면서 닭을 거절했다.

"시몬느, 그래도 우리의 마음이니까 받아 줘요. 당신이 그동안 우리들을 위해 얼마나 애써 주었는지 생각하면 닭 한 마리는 너무 보잘것없는 거잖아요."

"아니에요, 그럴 수 없어요. 그건 나 자신과의 약속이니 깨뜨릴 수 없는 거지요. 그 닭은 당신이 먹고 가요. 배를 타고 베트남까지 가려면 몸이 괴로울지 몰라요. 이 닭을 먹고 힘을 내서 떠나요. 당신의 어깨에 2,500명 노동자의 무사귀환이 달려 있지 않아요?"

옆에 있던 시몬느의 어머니도 닭고기를 받지 않겠다고 손사래를 쳤다. 시몬느는 닭고기를 쓱쓱 식탁 위에 펼쳐 놓더니 누엔 반 단의 손에 포크를 쥐어 주었다.

"아, 어서 먹으라니까요. 다 먹지 않으면 배가 떠날 때까지 보내 주지 않겠어요."

시몬느의 말에 누엔 반 단은 그 자리에서 닭 한 마리를 다 먹을 수밖에 없었다.

마르세유에 부모와 함께 머무르고 있던 시몬느는 농사일을 하기 위해 철학자이며 농부인 구스타브 티봉의 농장이 있는 생 마르셀로 떠났다. 티봉의 농장은 페렝 신부가 소개해 준 곳이었다. 시몬느는 예전에도 농장에서 일해 본 경험이 있었지만 그 정도로는 만족할 수가 없었다. 그래서 이번에는 정말 제대로 된 농장 경험을 해 볼 생각이었다.

사실 처음에 티봉은 철학 교수인 여자가 농장 일을 하러 온다는 사실에 탐탁지 않아 했다. 페렝 신부의 권유로 시몬느를 받아들이기로 하긴 했으나 시몬느의 농장행에 대해 부정적으로 생각했기 때문이었다. 그는 시몬느 역시 대지로 돌아가고 싶어서 좀이 쑤시는 겉멋 든 인

텔리 정도로 짐작했다. 어떤 환상 같은 것을 품고 찾아오는 그들의 농장행이 어떤 결과를 가져오는지 그는 너무나 잘 알고 있었다. 그래서 티봉은 시몬느가 농장에서 대체 얼마나 버틸지 의문을 가졌다.

티봉은 시몬느에게 어려운 일을 시키지 않으려 했다. 그러나 시몬느는 낡은 숙소와 어려운 일을 자청해서 했다. 그녀는 티봉의 집이 너무 편하다며 론 강가에 있는 폐허와 다름없는 농가에서 살겠다고 고집을 부렸다. 밭일은 물론 농장의 살림살이까지 맡아서 하는 시몬느의 열의는 대단했다. 시몬느는 식사도 농장 일꾼들과 같은 것만 먹었다. 누구도 시몬느의 열성을 막을 수는 없었다. 티봉은 시몬느가 몇 해 전에 걸린 늑막염의 후유증으로 몸이 멀쩡하지 않은 상태라는 것을 알고 놀라지 않을 수 없었다.

그 사이 전쟁을 피해 미국에 가 있던 오빠 앙드레는 시몬느와 부모가 미국으로 올 수 있도록 수속을 밟고 있었다. 하지만 시몬느는 프랑스를 떠날 수 없다고 앙드레에게 편지를 썼다. 또한 그녀는 좌절되었던 간호 부대 파견 계획을 꼭 실행시키고 싶다는 의지를 내비쳤다. 만약 미국에 가서 간호 부대 파견 계획을 실행시킬 수 있다면 몰라도 그런 목적이 아니라면 절대 프랑스를 떠나지 않을 생각이었다.

티봉의 농장에서의 생활은 고되었지만, 비교적 평화로웠다. 시몬느는 온종일 감자를 캐고, 이웃 농장으로 날품팔이를 하러 가 포도를 땄다. 우유 짜는 일, 설거지를 비롯해 일꾼들에게 글을 가르쳐 주는 일까지 시몬느는 열심히 해냈다. 그녀는 포도밭의 일용 노동자로 일하면서 때때로 포도나무 밭 한쪽에 앉아 기도문을 외웠다. 시몬느는 식량 배급권의 절반은 감옥에 있는 정치범들에게 보내 주고 자신은 길가의 덤불에서 딴 뽕나무 열매로 시장기를 면하는 일이 많았다. 어떤 밤은 포도 농장에서 죽도록 포도만 따는 꿈을 꾸다가 깨기도 했다. 그만큼 농장 일이 육체적으로 힘겨웠지만, 그녀는 기꺼이 견뎌 냈던 것이다.

남에게 무언가를 가르쳐 주기를 좋아하는 시몬느는 고단한 생활 중에도 밤이면 티봉에게 플라톤의 글을 해설해 주기도 했다. 티봉은 처음 가지고 있던 편견을 버리고 시몬느의 개성과 생각을 이해하게 되었다.

"시몬느, 시몬느는 사람들에게서 오해를 많이 받지요?"

어느 밤, 티봉이 물었다.

"어, 어떻게 알았죠?"

시몬느는 특유의 천진한 표정으로 티봉에게 되물었다.

"시몬느는 체면을 차리는 법이 없잖아요. 말을 삼가는 법도 없고. 너무 직설적이라고 할까요?"

"그래서 이상한가요?"

"글쎄요, 나도 처음에는 시몬느가 말하는 스타일이 익숙하지 않더라구요. 보통 여자들과 너무 다르니까요. 어떤 때는 너무 전투적이랄까……."

티봉은 시몬느의 얼굴을 살피며 조심스럽게 말했다.

"솔직한 게 문제라면, 할 수 없는 일이죠. 나는 말을 부드럽게 하는 방법을 잘 몰라요. 매사에 의욕이 너무 앞서서 그런지도 모르겠구요. 티봉이라도 나를 잘 이해해 줬으면 해요."

"그래요. 사람들이 모두 시몬느를 비난해도 나는 언제나 시몬느 편이 되어 줄게요."

시몬느는 농장에 더 머물고 싶었지만 티봉의 충고를 받아들여 부모가 머물고 있는 마르세유로 다시 돌아왔다. 자연 속에서 나름대로 정신적인 휴식을 맛본 시몬느는 마르세유로 돌아와 정력적으로 많은 글을 썼다. 〈신을 기다리며〉〈마르세유의 노트〉 등 훗날에 발표되는 많은 글들이 이 시기에 작성된 것이었다.

"시몬느, 이제는 가톨릭 신자가 되는 게 어때요?"

마르세유로 돌아온 시몬느에게 페렝 신부는 세례를 권유했다. 시몬느는 정식으로 세례를 받지 않았을 뿐, 신앙의 깊이와 종교에 대한 이해에 관해서라면 누구에게도 뒤떨어지지 않았다. 페렝 신부로서는 그런 시몬느가 세례만은 받을 수 없다고 하는 것이 잘 이해되지 않았다. 그러나 시몬느는 아직은 세례를 받을 시기가 아니라고 거절했다. 그녀는 신의 은총을 믿으면서도 세례 받기를 거절했던 것이다.

세례를 거부하는 생각에는 그녀의 결벽성도 한 가지 이유가 되었을 것이었다. 무엇이든 완벽하게 전념하지 않으면 안 되는 그녀의 성격은 신앙마저 구속했다. 그녀는 자신이 아직 완벽하게 신의 품 안에 들어

가기에는 부족하다는 생각을 했는지 모른다. 동서양의 사상은 물론 신비주의에도 정통한 시몬느로서 가톨릭 교리만을 믿고 의지한다는 것은 쉽게 결심할 수 있는 일이 아니었다.

시몬느는 가톨릭 신자였던 친구 엘렌에게 "나는 가톨릭 신자가 되지는 않겠지만 가능한 한 가톨릭에 가까이 가고 싶어."라고 말한 일이 있었다. 그것이야말로 종교를 향한 시몬느의 자세를 솔직하게 이야기한 것이었다.

"저는 아직 신앙을 모르는 불행한 사람들과 함께 있고 싶은데요."

시몬느는 늘 그렇듯이 희미한 미소를 지으며 말했다.

"단지 그 이유만은 아니겠죠?"

"예, 그래요. 그 한 가지 이유만은 아니겠죠. 그렇지만 언젠가 세례를 받아야 할 날이 온다면 그때는 신이 알려 주시지 않을까요?"

시몬느의 고집을 알고 있는 페렝 신부는 더 이상 세례를 권유하지 못했다. 시몬느의 말처럼 그녀도 언젠가 자연스럽게 세례를 받게 될 때가 오리라는 생각 때문이었다.

뉴욕 뉴욕

시몬느는 오랜 고민 끝에 마르세유를 떠나기로 결정했다. 우선 미국으로 건너가서 간호 부대 파견 계획을 실행시키고자 하는 의지 때문에 어렵게 내린 결정이었다. 그러나 시몬느는 결정을 내린 뒤에도 프랑스

를 떠나는 것이 과연 옳은 일인지 고민을 계속했다. 전쟁의 회오리에 휩싸여 있는 프랑스를 내버려두고 쉽게 발길이 떨어지지 않았다. 게다가 한번 떠나면 쉽게 되돌아올 수 없는 길이 될지 모르기에 더욱 그랬다.

1942년 5월 2일, 마침내 시몬느는 마르세유를 떠났다. 마르세유로 시몬느를 찾아와 밤새 이야기를 주고받았던 티봉과 몇몇 친구들이 그녀를 배웅했다.

"시몬느, 건강해야 해."

"엘렌, 우리 꼭 살아서 만나요. 죽으면 아무것도 볼 수 없을 테니까요."

시몬느와 엘렌은 이별의 포옹을 했다. 엘렌은 머나먼 미국 뉴욕으로 떠나는 시몬느가 걱정스러웠고, 시몬느는 반쪽으로 나뉜 조국 프랑스에 친구들을 남겨 두고 혼자 떠나는 것이 못내 가슴 아팠다.

"자, 티봉, 이걸 받아 줘요."

엘렌과 포옹을 마친 시몬느는 가방에서 두툼한 공책 뭉치를 꺼내 티봉에게 건넸다.

"이게 뭐죠?"

티봉은 열 권 남짓한 공책을 받아들며 물었다.

"몇 년이 지나도 내 소식을 듣지 못할 땐 그걸 당신이 알아서 해 줘요."

시몬느는 아무렇지 않은 말투로 티봉에게 말했다.

"알았어요. 걱정 말고 몸조심해요."

시몬느가 그때 건넨 공책들은 나중에 티봉이 정리하여 책으로 묶여 세상에 나오게 되었다. 만일 그때 그 공책들을 티봉이 맡지 않았더라면 시몬느의 책들이 세상에 나와 빛을 보기 어려웠을지도 모른다. 시몬느는 그 공책들을 가장 잘 맡아 줄 사람이, 그리고 그녀의 사상을 가장 잘 이해할 수 있는 사람이 티봉이라는 걸 알고 있었던 것이었다.

시몬느의 글을 티봉이 정리해서 출간한 책들은 후에 큰 반응을 불러일으켰다. 특히 《중력과 은총》은 2차 세계 대전을 겪고 난 후 좌절한 유럽인들의 영혼을 정화시켜 주는 역할을 했다.

시몬느는 5월 말에서 6월 초까지 카사블랑카의 난민 수용소에 머물렀다. 배에 탑승했던 800여 명의 승객은 시멘트 바닥 위에서 형편없는 식사를 받아먹으며 견뎌야 했다. 많은 사람들이 그랬던 것처럼 시몬느도 그곳에서 병이 났다.

"시몬느, 괜찮니? 열이 있구나. 물을 좀 마셔 봐라."

"엄마, 난 괜찮아요. 그런데 아무래도 프랑스를 떠나오는 게 아니었던 것 같아요."

"걱정 마라. 아무렴 파리에 다시 돌아가지 못하겠니. 전쟁은 곧 끝날 거야. 독일군에게서 프랑스를 되찾을 날이 머지 않아."

"그게 마음대로 될 것 같지 않아요. 그래서 무서워요."

시몬느는 오한이 나는지 몸을 부들부들 떨었다.

그렇지만 정작 시몬느를 괴롭히는 것은 고단한 선실 생활과 몸의 병이 아니라 프랑스를 떠나왔다는 자책감이었다. 시몬느는 수용소의 열악한 환경 속에서도 글 쓰는 일을 멈추지 않았다. 글 쓰는 일은 시몬느의 생활이었기에 글을 쓰지 않고서는 견딜 수 없었다.

얼마 후, 카사블랑카를 떠난 시몬느와 그녀의 부모는 포르투갈 배를 타고 버뮤다를 거쳐 미국에 도착했다. 시몬느의 부모는 뉴욕 리버사이드 드라이브 549번지에 있는 아파트를 빌렸고, 아파트에서는 아름다운 허드슨 강이 내려다보였다.

뉴욕에 도착한 뒤 시몬느는 계획했던 대로 영국으로 건너가려고 마음먹었다. 뉴욕의 건물들과 사람들을 구경하며 지낼 마음의 여유가 없었다. 시몬느는 마음이 급했다. 그러나 시몬느의 계획이 잘못되었다는 것을 알기까지는 그리 오랜 시간이 걸리지 않았다.

"시몬느, 영국으로 건너가는 건 포기해라. 그건 거의 불가능한 일이야. 영국은 입국을 통제하고 있어."

오빠 앙드레는 시몬느가 가족과 함께 안전한 미국에 머물러 주길 바랐다.

"말도 안 돼요. 난 미국에 머물기 위해 온 게 아니라구요. 간호 부대 창설을 위해 사람들을 만나야 하고, 영국으로 건너가서 프랑스 해방을 위해 일해야 해요. 프랑스가 저렇게 독일군 손 안에 있는 걸 보고만 있으라는 얘기예요?"

충격을 받은 시몬느는 울먹이며 소리쳤다.

시몬느는 자신의 계획에 문제가 있다는 사실을 알게 된 후에도 계획을 포기하지 않았다. 당장 영국이나 프랑스에 갈 수 없는 그녀는 각국의 사람들에게 간호 부대 창설의 필요성을 알리는 편지를 줄기차게 써 보냈다. 루스벨트 대통령의 특별 보좌관인 레이 제독에게도 편지를 보냈다.

또한 시몬느는 비밀 지령을 받은 특사로 프랑스에 보내 달라는 내용의 편지를 쓰기도 했다. 그녀는 프랑스 옆 나라인 영국을 통해서 프랑스로 들어가야겠다는 의지를 굽히지 않았다. 뜻이 있는 곳에 길이 있다는 옛말을 믿고 싶었다.

시몬느는 프랑스에 대해 우호적인 발언을 했던 영국인 함장에게도 도움을 받기 위한 편지를 썼다. 지푸라기라도 잡는 심정이었다.

'위기에 빠진 조국을 떠난다는 것은 매우 어려운 일입니다. 저의 부모님이 반유대인파를 피해 프랑스를 떠나자고 설득하기는 하셨지만, 미국에서 와서 조국의 위험과 고난을 함께 할 수 있으리라는 희망이 없었다면 저는 결코 미국에 오지 않았을 것입니다.

저는 마르세유에 머무를 때에도 중요한 지하 언론 단체에서 일을 했습니다만, 그것으로는 충분하지 않았습니다. 저는 미국에 와서 더 많은 활동을 하고 싶었습니다. 그러나 오히려 제 자신은 안전해지고 동포들의 위험과 굶주림으로부터 멀리 떨어지게 되었습니다. 더 이상은 도저히 참을 수가 없습니다. 만일 이런 상태가 오래 계속된다면 제 가슴은 갈기갈기 찢어지고 말 것입니다.

저는 확실한 계획이 있어서 이곳에 왔습니다. 그 계획서를 함께 보내니 상세히 읽어 봐 주십시오.

만일 이 계획이 실현될 수 없다면 지하 운동을 할 수 있게 저를 다시 프랑스로 보내 주십시오. 비밀 임무를 맡게 되면 프랑스에 합법적으로 돌아갈 수 있을 것 같습니다.

쓸모 있는 일을 할 수 있다면 저는 어떤 위험이라도 상관하지 않겠습니다. 파리가 독일의 손 안에 있는 한 제 생명은 아무 가치도 없습니다. 저는 제 고향을 다른 사람들의 피만으로 해방시키고 싶지는 않습니다.'

시몬느가 뉴욕에 머무는 동안 《뉴욕 타임스》에는 전쟁에 관한 속보가 실리곤 했다. 시몬느의 가족은 기사를 통해 파리 시내에서 유대인 사냥이 시작되어 2만 명이 독일로 보내지고 시민들이 강제 노동에 시달리고 있다는 프랑스의 비참한 현실을 접하게 되었다. 유대인인 시몬느와 아버지에게는 몸서리쳐지는 소식이 아닐 수 없었다.

또한, 7월 14일자 신문 기사에서는 마르세유에서 애국자들의 시위가 일어났고, 경찰이 진압하면서 사람들이 다치고 체포되었다는 소식이 전해졌다. 그 기사를 접한 시몬느네 가족은 모두 분노에 몸을 떨 수밖에 없었다. 시몬느는 자신이 떠나온 뒤 마르세유에서 벌어진 일을 두고 자신이 직접 겪은 일처럼 고통스러워했다. 그녀가 미국으로 떠나온 것은 혼자 무사하기 위해서가 아니었는데, 결국에는 그런 꼴이 되어 버렸기 때문이었다.

"어떻게 이런 일이! 프랑스가 저 지경에 있는데 우리만 도망쳐 나온 꼴이잖아요. 이렇게 괴로워하느니 차라리 프랑스에서 위험과 괴로움을 당하는 편이 낫겠어요."

시몬느는 자기 방에 틀어박혀 이불 속으로 들어가 누운 채 이틀이나 식사를 하지 않는 경우도 있었다.

"시몬느, 시몬느, 제발 빵 한 조각이라도 먹으렴. 벌써 며칠째 굶고 있는 거니!"

시몬느의 어머니가 문을 두드려도 시몬느의 방문은 열리지 않았다. 그저 시몬느의 흐느끼는 소리만 들릴 뿐이었다.

그런 사정을 모르는 뉴욕 사람들은 시몬느의 가족을 보고 이렇게 말하곤 했다.

"전쟁을 피해 미국에 왔으니 다행이네요. 프랑스에 있었더라면 어떡할 뻔했어요? 이젠 살았어요."

"어떻게 프랑스를 빠져나왔죠? 정말 운이 좋네요. 유대인들은 전부 수용소로 끌려간다죠?"

시몬느는 그런 말을 들을 때마다 조국을 등지고 미국에 와 안전한 생활을 누리고 있다는 생각에 스스로를 심하게 자책했다.

"차라리 프랑스에서 나치의 손에 죽는 편이 나아요. 이런 고통과 수치는 참을 수가 없어요."

시몬느는 자신의 계획을 위해 프랑스 해방 운동 사무실과 프랑스 영사관에 부지런히 찾아갔다. 그리고 그곳에서 마르세유에서 안면이 있었던 시몬느 디츠를 만나게 되었다. 시몬느 디츠 역시 영국으로 가고 싶어 하는 사람이었기에 그들은 의기투합했다.

"응급 치료 과정을 공부해 자격증을 얻으면 영국으로 들어가는 데 도움이 된대요."

디츠의 말에 시몬느는 눈을 동그랗게 떴다.

"그게 정말인가요?"

"네, 그렇대요."

"그럼 자격증은 어떻게 따지요?"

"할렘 가에 가서 자격증 따는 공부를 하면 된다던데요?"

그 말을 들은 시몬느는 당장 할렘 가에 가서 자격증을 따기 위한 공부를 시작했다. 시몬느는 프랑스로 돌아가기 위한 수단으로 먼저 영국으로 건너가기로 작정한 터였다. 응급 치료 과정의 자격증은 비자를 얻는 데 도움이 될 것이라고 했다. 시몬느는 영국으로 건너가기 위해서라면 무슨 일이든 할 마음의 각오가 되어 있었다.

그렇지만 자격증을 따기 위해 할렘 가를 드나들던 시몬느는 미국식 시험 제도에 크게 실망했다.

'요오드는 소독제인가, 위성의 이름인가. 맞는 쪽에 표시를 하시오.'

시몬느는 ○×형 필기시험 문제를 보고 미국식 교육은 저질이라고 불만을 이야기하기도 했다. 철학 교수 시몬느가 보기에 미국식 시험은 생각할 필요가 없는 단순하기 짝이 없는 것이었다.

"깊게 생각할 필요가 없는 이런 유치한 문제들을 시험 문제라고 내다니! 미국 교육은 사람들을 바보로 만드는군."

뉴욕에서 느끼는 이상과 현실 사이의 장벽은 생각보다 높았다. 시몬느는 마음의 고통을 꿋꿋이 견디기 위해 종교에 의지할 수밖에 없었다. 시몬느는 매주 일요일마다 뉴욕의 맨해튼에 있는 흑인 지구에 있는 침례교회를 찾았다. 흑인들이 흑인 영가를 부르고 춤추는 모습을 본 시몬느는 감동을 받았다. 그들의 노래와 춤은 신에 대한 사랑으로 충만한 듯했다.

또한 그녀는 매일 뉴욕 121번가에 있는 성당의 미사에 참석했다. 그렇지만 종교가 그녀의 고통을 해결해 줄 수는 없었다. 영국으로 갈 수 있는 방법을 모색하며 기다리는 시간은 지루하고 힘겨웠다. 하루하루가 고통의 나날이었다.

그 무렵, 펜실베이니아 대학에서 강의를 하고 있던 오빠 앙드레에게 예쁜 아기가 생겼다. 오빠 앙드레는 딸 실비아가 세례를 받는 것에 부정적이었다. 그런 사정을 들은 시몬느는 조카 실비아가 세례를 받았으면 좋겠다고 말했다. 자신은 교회 밖의 일을 위해 세례를 받을 수 없으나 조카는 세례를 받는 편이 좋겠다고 생각했던 것이었다.

　7월 말, 시몬느는 앙리 4세 중학교 동창이었던 모리스 쉬망이 드골 장군을 따라 영국으로 건너가 자유 프랑스의 대변인으로서 활약하고 있다는 것을 알게 되었다. 그는 프랑스에 있는 레지스탕스들과의 연락원이기도 했다. 간호 부대 창설이 약간의 희망도 보이지 않아 절망하고 있던 시몬느는 동창 쉬망의 소식을 듣고 다시 희망을 갖게 되었다. 시몬느는 바다 건너 그와 연락을 주고받았다. 쉬망은 시몬느에게 호의적이었다. 시몬느에게는 그야말로 실낱같은 희망이었다.

　그해 11월, 드디어 기다리고 기다리던 영국 비자가 나왔다. 시몬느는 오빠 앙드레에게 부모님을 잘 돌봐 달라는 편지를 남기고 뉴욕을 떠났다.

　'어쩌면 다시는 부모님을 만날 수 없을지도 몰라. 전쟁에 휩싸인 유럽이 어떻게 돌아갈지 모르는 일이니까. 아마 뉴욕에 다시 돌아가기는 어렵겠지. 안녕, 뉴욕!'

　그녀는 스웨덴 기선을 타고 16일간의 항해를 마친 뒤 친구 시몬느 디츠와 함께 영국 리버풀에 내렸다. 영국까지 이르는 길은 멀고 험했지만, 시몬느의 가슴은 희망으로 벅차올랐다. 배 안에서 겪었던 괴로움쯤은 아무것도 아닌 일로 여겨졌다.

제2차 세계 대전

1939년 9월 1일, 독일이 폴란드를 침공하자 영국과 프랑스는 독일에 선전 포고를 했다. 이것이 곧 제2차 세계 대전의 시작이었다.

1940년 4월, 독일은 덴마크와 노르웨이를 공격했고, 뒤이어 5월에는 중립국인 오스트리아와 벨기에를 공격했다. 6월에는 그 기세를 몰아 프랑스의 수도 파리까지 점령하기에 이르렀다. 그러자 전세를 살피고 있던 이탈리아도 6월 10일, 참전하여 남프랑스를 침략했다. 독일과 프랑스의 휴전협정으로 프랑스의 약 2/3는 독일군에게 점령당했고, 남부의 나머지 지역은 자유롭게 되어 친독일파의 비시 정부가 세워졌다.

1940년 9월, 독일·일본·이탈리아는 3국 동맹을 체결했다. 독일의 원수 히틀러는 1941년 4월 이탈리아의 지원을 받아 발칸 반도를 침범했고, 그로 인해 소련과의 관계가 악화되었다. 마침내 6월 독일군은 대군을 이끌고 일제히 소련을 침공했다. 그러나 혹독한 추위와 보급품 부족에 시달리던 독일군은 1942년 7월부터 1943년 2월 초까지 벌어진 스탈린그라드 전투에서 소련군에게 패했다. 이 전투는 제2차 세계 대전의 결과에 결정적인 영향을 끼쳤다. 1941년 12월에 태평양전쟁을 일으킨 일본은 독일이 소련을 패배시킨 뒤 곧 영국와 미국에 맞서 싸울 것으로 기대했으나 스탈린그라드 전투의 패배로 물거품이 되고 말았다.

1944년 6월 6일, 아이젠하워 장군이 지휘하는 영·미 연합군이 북프랑스 노르망디에 상륙했다. 1945년 4월 25일에는 소련군이 독일 베를린에 다다르자 절망한 히틀러는 4월 30일, 애인 에바 브라운과 결혼식을 올린 뒤 자살했다.

한편, 이탈리아 전선에서는 독일군이 4월 29일 항복하면서 무솔리니가 살해되었다. 유럽에서의 전쟁이 비로소 끝이 난 것이다.

미·영·중은 마지막으로 남은 일본에 무조건 항복을 요구했다. 그러나 일본은 받아들이지 않았고, 미국은 1945년 8월 6일 히로시마에, 8월 9일 나가사키에 원자폭탄을 떨어뜨렸다. 소련은 바로 이날 일본과의 전쟁에 참전하여 만주에서 공격을 개시했다. 마침내 8월 15일, 일본 천황이 연합국에 항복함으로써 제2차 세계 대전은 막을 내리게 되었다.

연합측 49개국, 동맹측 8개국이 싸운 제2차 세계 대전은 전사자 2,700만 명, 민간인 희생자 2,500만 명의 목숨을 앗아갔다. 미국을 제외한 모든 나라가 전쟁터가 되었고, 원자폭탄을 최초로 사용한 역사상 최대의 전쟁이었다.

히틀러의 집권과 반유대주의

오스트리아에서 태어난 히틀러는 제1차 세계 대전 당시 독일군으로 복무했고, 전쟁이 끝난 뒤 정치적 활동을 시작했다. 히틀러는 일찍부터 독일 노동자당에 가입했다. 노동자당은 열렬한 민족주의 이념을 내세우고 있었으며, 그와 함께 반민주·반자본·반유대의 노선을 앞세웠다.

히틀러는 1923년에 루덴도르프와 함께 공화정을 전복시키려는 음모를 꾸몄다가 실패하여 체포되었다. 1924년, 히틀러는 감옥에서 나오기 전에 《나의 투쟁》이란 자서전을 쓰기 시작했는데, 그것은 나치당의 목적을 선전하는 책이었다.

《나의 투쟁》에서 히틀러는 역사란 위대한 인종, 특히 아리아 인에 의해 만들어진다고 주장했다. 또한 아리아 인 중에서도 가장 우수한 사람이 독일인이며, 바로 독일인이 세계를 지배할 운명을 타고났다고 말했다. 히틀러는 유대인이야말로 가장 증오해야 할 적이라고 강조했다.

1928년, 히틀러가 이끄는 나치당은 의회에서 고작 12석을 차지했을 뿐이었다. 그러나 경제 불황과 실업자 증가가 심각해진 1930년 선거에서는 위대한 독일을 부르짖은 나치당이 무려 107석을 차지하기에 이른다. 8년 후 나치당은 독일에서 가장 큰 정당으로 자리잡았다. 독일 국민들은 나치의 정책을 열렬히 지지했다.

1934년 8월, 히틀러는 국가 원수이자 정부 수반, 나치 당수, 최고사

령관이라는 이름으로 당권·행정권·군사권의 전권을 장악했다. 이를 위해 실시한 국민투표에서 히틀러는 89.9%의 지지를 얻었다. 바야흐로 히틀러의 집권이 이뤄진 것이다.

1935년, 나치는 유대인의 선거권을 박탈하고 공직에서 추방시켰다. 유대인은 교사 및 대학교수로 취업하는 것도 금지되었다. 반유대주의를 외치는 나치당의 집권은 제2차 세계 대전이 일어난 뒤 유대인 학살로 이어졌다.

히틀러의 국가 비밀경찰(게슈타포)은 독일의 지배가 미치는 모든 곳에서 유대인을 잡아들였다. 유대인은 아우슈비츠 강제 수용소를 비롯하여 트레브링카, 마이다네크 등의 수용소에서 학살되었다. 독일에서만 최소한 529만 명의 유대인이 학살된 것으로 알려져 있다. 《안네의 일기》로 유명한 네덜란드의 소녀 안네 프랑크도 아우슈비츠로 보내졌다가 베르겐벨젠 강제 수용소로 옮겨져 사망했다.

7. 투사, 홀로 저물다

암흑시대

리버풀에 도착한 시몬느에게는 뜻하지 않은 어려움이 기다리고 있었다. 함께 배에 탔던 다른 사람들은 모두 신원 확인 후 자유의 몸이 되었으나 시몬느는 감금 상태가 된 것이었다. 그곳에서는 시몬느를 보고 혹시 스파이가 아닐까 의심을 했던 모양이었다.

하지만 씩씩한 시몬느는 감금 상태에서도 사람들과 쾌활하게 어울려 지냈다. 배구를 배우기도 했고, 밤에 몰래 일어나 귀신놀이를 해서 사람들을 놀라게 하기도 했다. 시몬느의 몸은 아직 자유롭지 못했으나 희망이 있기에 그녀는 웃음을 잃지 않을 수 있었다. 사람들도 그런 시몬느를 좋아했다. 그리고 18일이 지났을 때, 그녀의 동창인 모리스 쉬망이 백방으로 뛰어다닌 끝에 그녀를 풀려나게 해 주었다. 시몬느는 영국에 온 이상 모든 일이 잘 풀릴 것이라고 믿었다.

"시몬느, 영국에 온 것을 환영한다."

시몬느와 쉬망은 기쁨의 포옹을 했다.

"이제 자유다. 이제부터 시작이야."

감금 상태에서 막 풀려난 시몬느는 영국의 습하고 차가운 공기를 깊게 들이마셨다. 영국의 공기에서도 희망의 냄새가 나는 듯했다.

그러나 시몬느의 희망이 꺾이는 데에는 오랜 시간이 걸리지 않았다.

"말도 안 돼. 아무리 탄원을 해도 프랑스로 가는 허가를 받을 수 없대!"

"그게 무슨 말이야?"

시몬느와 함께 영국으로 건너온 디츠도 무슨 영문인지 몰라 시몬느에게 물었다.

"독일군이 점령한 프랑스로는 갈 방법이 없대. 영국에서 프랑스까지의 거리가 얼마나 된다고! 그 먼 미국에서 여기까지 왔는데……."

시몬느의 목소리는 분노로 잔뜩 격앙되어 있었다.

"누가 그래? 제대로 알아보긴 한 거야?"

디츠도 흥분하기는 마찬가지였다. 이곳까지 오기 위해 시몬느가 얼마나 고생을 했는지 알고 있는 친구이기 때문이었다.

"그래, 모두 앵무새처럼 똑같은 말뿐이야. 희망이 전혀 없대."

"모리스 쉬망도 그렇게 말해?"

"그래, 방법이 없대……."

시몬느의 얼굴은 당장이라도 쓰러질 것처럼 하얗게 질려 있었다. 마치 넋이 빠진 모습이었다.

"이럴 수가…… 말도 안 돼. 내가 왜 가족을 버리고 이곳까지 왔는데……."

시몬느는 아예 말을 잃고 고개를 푹 숙였다. 시몬느의 무릎 위로 눈물방울이 뚝뚝 떨어졌다.

"조금 기다려 보자. 쉬망도 너를 도와주려 애쓰고 있으니까 뭔가 방법이 생길 거야."

디츠는 기진맥진해진 시몬느를 부축해서 침대 앞까지 데리고 갔다.

"도대체 언제까지 기다리란 말이지? 하루에도 수많은 사람들이 죽어 가고 있는데…… 간호 부대도 안 된다…… 밀사로 가는 것도 안 된다…… 내가 할 수 있는 게 대체 뭐야……."

시몬느는 울먹이며 주먹으로 이불을 꽉 움켜쥐었다.

상황은 하루하루 더욱 나빠졌다. 그 무렵에는 프랑스의 자유 지역까지도 독일의 점령지가 되어 버렸다. 시몬느의 부모가 시몬느를 뒤따라 영국에 오려고 했으나 그것마저도 허락되지 않았다. 시몬느는 아무것도 할 수 없는 무기력한 상태에서 완전히 혼자가 되어 버린 셈이었다.

"난 완전히 혼자야. 내가 할 수 있는 일도 없고. 나는 조국을 버린 비겁한 배신자, 도망자가 되어 버렸어. 내가 원한 건 이런 게 아니었어."

불을 때지 않은 차가운 잠자리에 누운 시몬느는 이불 속에서 혼자 중얼거렸다. 영국의 겨울은 그녀의 야윈 몸이 견디기에 가혹할 만큼 추웠고, 그녀의 얼굴은 점점 더 창백해져 갔다.

1943년 1월, 마냥 피 끓는 투사로 살 것 같던 시몬느도 34세의 나이가 되었다. 그녀는 런던 노팅힐 근처에 위치한 폴란드 파크 포클랜드 로드 31번지로 이사를 했다. 가난한 미망인의 집에 세를 얻어 들어간 것이었다. 시몬느는 마르세유와 뉴욕에서 자신이 꿈꾸었던 계획을 하나도 이루지 못한 채 런던의 자유 프랑스 정부에 소속돼 일하며 조용히 지냈다. 시간은 시몬느의 고통과 상관없이 변함없이 흘러갔다.

그녀는 각종 정치 문서를 훑어보고 자료를 종합하여 보고서를 작성해야 했다. 그녀는 그 일을 그리 좋아하지 않았지만 놀라울 만큼 성실하게 진행했다. 그곳에서는 프랑스가 맞이할 자유로운 미래를 위해 신헌법과 법률, 교육, 노동 등 각종 분야의 계획을 세우고 있었던 것이다. 그녀는 어쩔 수 없이 일을 하면서도 지금 지하전선에서 목숨을 걸고 싸우고 있는 레지스탕스 사람들을 생각했다. 때로는 공장에서 그녀의 귀를 괴롭히던 기계 소리처럼 따가운 기관총 소리와 비행기 폭격 소리가 귓가를 맴돌았다. 그런 때 책상 앞에 앉아 있던 그녀는 잠시 일을 멈추고 생각에 잠겼다.

'그들은 프랑스를 되찾느냐 못 찾느냐의 기로에서 피를 흘리며 싸우고 있는데…… 그런데 나는 여기서 전쟁이 끝난 뒤 시행할 계획서를 짜고 있어야 하다니…… 내가 할 수 있는 일이 이런 것밖에 없단 말인가…… 그때 마르세유를 떠나는 게 아니었어……. 난 너무 어리석어.'

시몬느가 프랑스를 떠나온 자신의 어리석음을 탓하고 있는 사이 전쟁의 폭풍은 수많은 유럽의 젊은이들을 죽음으로 몰아가고 있었다. '혁명 최고위원회'를 조직해야 한다는 시몬느의 제안을 읽은 드골은 그 제안을 곧장 실행에 옮겼다. 시몬느의 주장은 프랑스에 전국 레지스탕스 위원회가 결성되는 데 출발점이 되었다. 이처럼 시몬느가 올린 계획안에는 가치 있는 것이 많았으나 그녀는 자신이 하고 있는 일에 만족하지 못했다. 그녀는 프랑스에서 고통받고 있는 사람들의 아픔을 몸 전체로 앓고 있는 것처럼 보였다.

시몬느의 희망과 달리 그녀의 계획을 들은 사람들 중에는 "미쳤군!" 하고 한 마디로 무시해 버리는 사람도 있었다. 사람들은 시몬느의 생각이 현실성 없는 것이라고 밀어 놓았다.

"그 여자 죽고 싶어서 환장을 한 것 아냐? 가만히 시키는 일이나 할 일이지 왜 자꾸 귀찮게 해?"

사람들의 냉담함에 무력해진 시몬느는 때로 런던 근처에 있는 술집에 들러 흥겨운 사람들의 표정을 지켜보기도 하고, 뉴욕에서 함께 건너온 시몬느 디츠를 만나 교외로 소풍을 가기도 했다. 셰익스피어의 연극을 두 편이나 본 것도 그녀를 잠시 행복하게 해 준 일이었다. 그녀는 오래 전부터 셰익스피어의 〈리어왕〉을 무척 좋아했다. 일요일에 하이드 파크에 가서 사람들이 연설하는 것을 듣는 것도 재미있는 일과였다.

그밖에도 시몬느는 아이 둘을 데리고 가난하게 사는 집주인 여자를 위해 바쁜 틈을 타 아이들의 공부를 돌보아 주었다. 아이들은 시몬느를 무척 따랐다. 시몬느는 누구를 가르치는 일에 천부적인 재능이 있는 사람이었다.

영국의 시몬느는 뉴욕의 부모를 안심시키기 위해 부지런히 편지를 썼다.

"저는 이 도시의 상처까지도 사랑합니다. 무엇보다도 제게는 영국인들이 현재의 상황에도 불구하고 유머를 잃지 않는 것이 감동적이에요. 그것은 억지로 그러는 것이 아니라 함께 겪는 시련에 대한 어떤 동지애와 동포애에서 우러나오는 것이랍니다."

프랑스가 독일군의 손아귀에 들어가 있지만 않았더라도 시몬느는 이탈리아에서처럼 유쾌하게 지낼 수 있었을지 모르겠다. 영국은 시몬느에게 아름다운 나라였으나 그녀는 그곳에서 행복을 누릴 수가 없었다. 그녀는 몸은 영국에 있었지만, 그녀의 마음은 늘 프랑스에 건너가 있었다.

"너, 나하고 같이 파므 가에 있는 성당에 가지 않을래?"

시몬느는 자신의 셋방에 놀러 온 디츠에게 말했다.

"교회?"

"응, 난 매일 파므 가에 있는 성당에 들르고 있어. 미사를 올리느라고. 시간이 없으면 그냥 여기서 함께 기도를 하자."

"그래, 그러면 그냥 여기서 기도를 할까?"

디츠가 벽에 걸린 시계를 흘끗 쳐다보고 말했다.

"그리스도 말씀에, 나의 이름으로 두세 명이 모이는 곳에는 나도 함께 있다고 하지 않으셨니."

시몬느는 말을 마치자마자 눈을 감고 양손으로 깍지를 꼈다. 디츠는 그런 시몬느의 모습을 보며 시몬느가 받고 있는 고통을 충분히 짐작할 수 있었다. 디츠는 시몬느가 요즘 들어 거의 식사를 하고 있지 않다는 사실을 눈치 채고 있었다. 그녀의 방에서는 도통 온기가 느껴지지 않았다. 살을 에는 추위에도 불을 전혀 때지 않는 게 틀림없었다. 영국에 온 뒤로 남들에게 우스운 농담을 해서 웃겨 주곤 하던 예전의 시몬느는 온데간데없이 사라져 버렸다. 백짓장처럼 얼굴이 창백한 시몬느는 예민하고 맥이 쏙 빠진 나약한 모습의 여인일 뿐이었다. 미국에서부터 그리 좋지 않았던 건강이 더욱 나빠졌는지도 몰랐다. 그런 시몬느가 가여워 디츠는 가슴이 아팠으나 그녀를 위해 해 줄 수 있는 것은 아무것도 없었다.

그때, 기도를 하기 위해 눈을 감았던 시몬느가 갑자기 눈을 뜨고 디츠에게 말했다.

"항공 기술 입문서를 사서 공부했는데, 다 소용이 없게 됐어."

"어째서?"

"다른 사람이 낙하산병으로 프랑스에 잠입하게 됐어."

"뭐, 다른 사람이?"

"응, 내 동료야. 난 벌써 낙하산병 헬멧도 사 두었는데…… 그런데 다 소용없게 됐어. 난 무력해. 아무것도 할 수 없는 사람일 뿐이야. 내 얼굴은 누가 보기에도 유대인이기 때문에 밀사로도 낙하산병으로도 파견될 수 없대."

디츠에게 말을 하는 시몬느의 눈가에 눈물이 핑 돌았다. 가까스로 눈물을 참는 시몬느의 모습이 더 보기 가여웠다.

"조금 더 기다려보자. 다음엔 너에게 기회가 올 거야."

"그렇지 않아. 더 이상 희망이 없어."

시몬느는 눈을 꼭 감은 채 기도를 하기 시작했다.

천국을 사양하다

4월 중순 무렵, 시몬느 디츠는 시몬느의 집으로 급하게 발걸음을 향했다. 시몬느가 일하는 내무부에 들른 그녀는 시몬느가 이틀째 나오지 않고 있다는 말을 들은 것이다.

"시몬느가 오늘도 결근을 했는데요. 소식도 없구요."

최근 시몬느가 거의 먹지 않고 온종일 일하고 있다는 사실을 알고 있는 그녀는 불안감에 가슴이 두근거렸다.

'시몬느에게 무슨 일이 생긴 것은 아니겠지.'

디츠는 시몬느의 집 문 앞에서 시몬느의 이름을 불렀다. 그러나 아무 대답도 들리지 않았다. 디츠는 안 되겠다는 생각에 하숙집 주인의 도움을 받아 안으로 들어갔다. 아니나 다를까, 시몬느는 숨을 헐떡거리며 마룻바닥에 쓰러져 있었다.

"시몬느! 시몬느! 정신 차려. 나야 나. 눈을 떠 봐."

디츠가 아무리 몸을 흔들어도 시몬느는 눈을 뜨지 못했다. 깜짝 놀란 디츠는 찬장에 있던 브랜디 병을 꺼내 시몬느의 입에 한 모금을 흘려 넣었다. 그런 뒤, 디츠가 의사를 부르려 일어날 때, 시몬느가 의식을 되찾았다.

"아, 너로구나. 괜찮아. 아무도 부르지 마. 약속해 줘. 아무에게도 말하지 않겠다고."

시몬느의 목소리는 죽어 가는 사람처럼 희미했다.

"알았어. 지금 그게 문제니. 이렇게 쓰러질 수는 없어. 이러면 프랑스를 위해서 일할 수도 없잖아."

디츠의 목소리에도 울음이 섞여 있었다.

"아니야…… 이젠 끝이야…… 날 그냥 병원에 데려가 줘. 아무도 부르지 말고⋯⋯."

시몬느는 곧장 인근의 미들섹스 병원으로 옮겨졌다. 의사는 시몬느를 당장 입원시켰고, 폐결핵이라는 진단을 내렸다.

"그럼, 그럼 시몬느는 살지 못하는 건가요?"

친구 디츠와 쉬망이 의사에게 묻자 의사는 그렇지 않다고 대답해 주었다.

"아닙니다. 양쪽 폐가 모두 감염되기는 했지만, 아직 가능성이 있어요."

"아아, 감사합니다. 감사합니다."

디츠는 저도 모르게 가슴에 성호를 그었다.

시몬느는 곧 개인 병실로 옮겨졌다. 시몬느가 병실을 옮기는 것을 거부했기 때문에 친구들은 병이 전염될 수 있어서 다른 사람들을 위해 개인 병실로 옮겨야 한다고 설득했다. 그 말에 시몬느도 할 수 없이 승낙했다. 남에게 피해를 주는 일이라면 무슨 일이 있어도 피하려고 하는 시몬느의 성격을 친구들은 잘 알고 있었다.

병원에 입원한 시몬느는 아픈 와중에도 부모에게 꼬박꼬박 편지를 썼다. 자신이 아프다는 사실을 알리지 않기 위해서였다. 편지의 겉봉에는 항상 병원이 아닌 예전에 살던 셋집 주소를 적어 넣었다. 부모님이 안심하도록 영국의 재미있는 풍속과 유머를 적어 넣기도 했다. 어떤 어려운 상황에서도 유머를 잃지 않는 것이 시몬느의 장점이었다.

그녀는 친구들에게도 자신이 입원한 사실을 부모에게 알리지 않도록 부탁했다. 그리고 숟가락조차 들기 어려운 상황에서도 편지에는 또박또박 정돈된 글씨체로 글을 썼다. 대단한 의지가 아니고서는 불가능한 일이었다.

죽음의 기로에 선 시몬느는 세례를 받는 것에 대해 심각하게 고민했고, 신부를 만나 이야기를 나누기도 했다. 그렇지만 결국 세례를 받지 않기로 결정했다. 시몬느는 세례를 받지 못하고 죽은 아이들이 천국에 들어가지 못하고 있는데 자신만 천국에 들어갈 수는 없다고 생각했다. 시몬느는 세례를 받아 천국에 이르기보다는 불행한 사람들과 천국 바깥에 머무르기를 바랐다. 그것이 시몬느의 마지막 소망이었다.

'나는 마지막까지 그리스도교 신자가 아닌 채로, 그러나 신을 깊이 믿고 사랑하면서 죽어야지.'

병원 침상에 누워 있는 시몬느의 얼굴은 모든 것에서 자유로워진 듯 평온했다. 어떻게 보면 죽음을 기쁘게 기다리고 있는 얼굴 같기도 했다.

친구들은 시몬느가 병을 이겨 낼 수 있도록 애를 썼다. 그렇지만 시몬느는 좀처럼 음식을 먹지 못했다. 시몬느는 음식을 먹고 살아나려는 의지가 별로 없는 사람 같기도 했고, 또 한편으로는 몸이 너무 허약해져서 음식을 잘 삼키지 못하는 듯하기도 했다. 어쩌면 너무 오랜 시간 동안 음식을 멀리한 결과 몸이 음식을 받아들이지 못하게 됐는지도 몰랐다.

시몬느가 살던 방의 주인인 프란시스 부인도 가끔 시몬느를 찾아왔다.

"시몬느, 넘기기 힘들어도 좀 먹어 봐요."

프란시스 부인이 삶아서 으깬 감자를 떠먹이려 했지만 시몬느는 고개를 저었다.

"못 먹겠어요. 나중에 먹을게요."

시몬느는 몸에 힘이 하나도 없었으나 찾아오는 사람들에게 밝은 웃음을 보여주려고 무척 애를 썼다.

"이럴 줄 알았으면 싸워서라도 억지로 먹이는 건데……. 시몬느, 데이비드와 존이 시몬느를 얼마나 보고 싶어 하는지 몰라요. 데이비드는 시몬느가 없으니까 수학 공부를 전혀 안 해요. 빨리 나아서 데이비드와 존에게 공부를 가르쳐 줘야죠."

"걱정 마세요. 데이비드와 존에게 숙제를 하지 않으면 내가 나가서 혼쭐을 내 주겠다고 전하세요. 꿀밤도 때려 줄 거예요."

시몬느는 병상에 누워서도 끝까지 미소를 잃지 않았다.

음식을 거부하는 시몬느가 건강이 좋아질 리 없었다.

"이렇게 먹지 않으면 치료도 소용이 없습니다. 영양 상태가 이렇게 나쁜데 우리가 뭘 할 수 있겠습니까? 중요한 건 환자에게 살고자 하는 의지가 전혀 없다는 거예요."

시몬느를 담당하는 의사는 친구들 앞에서 혀를 끌끌 차고 돌아갔다.

시몬느는 요양소로 보내 달라고 부탁했고, 마침내 미들섹스 병원을 떠나게 되었다.

그런데 뜻밖에도 시몬느가 들어가기로 한 요양소에서 시몬느가 들어오는 것을 반대했다. 그 이유는 시몬느의 신분이 교사이기에 노동자를 위해 만든 요양소에 들어올 수 없다는 것이었다. 평생 노동자를 위해 희생해 온 시몬느가 노동자가 아니라는 이유로 거절당하게 되다니 어처구니없는 일이었다.

결국 시몬느는 친구들의 노력으로 8월 17일, 켄트 주 애슈퍼드에 위치한 글로버너 결핵 요양소로 들어가게 되었다.

"아, 정말 근사한 풍경이야. 아름다운 방에서 죽게 되었으니 기쁜 일이야."

시몬느는 침대에 누워 창밖 풍경을 내다보며 혼자 중얼거렸다. 시몬느의 방 창문은 프랑스 쪽을 향해 나 있었다.

요양소의 간호사가 서류에 적기 위해 종교를 묻자, 시몬느는 이렇게 대답했다.

"저는 유대인이지만 가톨릭 신자가 되고 싶습니다. 하지만 아직 완전한 결정을 내리지는 못했어요."

시몬느의 진단서에는 '너무 허약해서 검사를 할 수가 없음'이라고 기록되었다. 시몬느는 간호사에게 "프랑스에서 동포들이 굶주리고 있다는 생각을 하면 음식이 넘어가지 않아요."라고 말했다.

죽음을 기다리는 시몬느의 모습은 평온했다. 간호 부대 창설을 비롯한 자신의 계획이 모두 허사로 돌아가 분노하던 모습도 아니었고, 공장에서 노동을 하던 시절의 지친 모습도 아니었다. 시몬느는 뼈만 앙상하게 말랐으나 똑똑한 말투로 이야기했고, 어린아이처럼 해맑아 보였다.

8월 24일, 시몬느는 자신이 쓴 편지가 어디쯤 가 있을지 생각해 보았다.

'미들섹스 병원에서 쓴 편지를 부모님은 아직 못 받아 보셨을까? 어쩌면 내가 죽은 뒤에 편지를 받게 되실지 모르겠는걸.'

그런 생각을 하니 가슴 한쪽이 몹시 쓰라려 왔다.

시몬느는 자신의 몸에서 기운이 빠른 속도로 빠져나가는 것을 알 수 있었다. 그녀는 자신이 오늘을 넘기기 힘들 것 같다고 생각했다. 죽음의 문턱에서 특별히 아쉬운 것은 없었다. 다만 부모님께 죄송스러울 뿐이었다. 시몬느는 머릿속으로 가슴 뜨거운 노동 운동가로 지냈던 젊은 날과 공장의 여공으로 일했던 시절, 스페인 내전의 전투원으로 전쟁에 참여했던 과거를 하나하나 떠올려 보았다. 머나먼 뉴욕에서 영국에 도착하기까지 험난했던 항해 과정도 하나하나 되짚어 보았다. 그녀는 손가락 하나도 움직일 수 없을 만큼 몸에 힘이 없었으나 머릿속은 맑았다.

'불쌍한 나의 부모님……. 하지만 재롱을 떠는 조카 실비아가 있으

니 힘이 되실 거야. 나는 속만 썩여 드린 딸이니까…….'

부모님의 얼굴을 떠올리자 문득 심장이 저릿해 오는 것 같았다. 손을 들어 올려 가슴을 쓰다듬고 싶었지만 그럴 힘이 남아 있지 않았다.

얼마 지나지 않아 시몬느는 아무것도 떠올릴 수 없을 만큼 머릿속이 흐려져 가는 것을 느낄 수 있었다. 한 순간, 흔들리는 시계추가 멈추듯 심장의 고통이 멎었고, 돌연 몸이 새처럼 가벼워지는 것을 느낄 수 있었다. 그것으로 끝이었다.

8월 24일 밤, 세상을 떠난 시몬느는 애슈퍼드에 있는 가톨릭교도를 위한 묘지에 매장되었다. 시몬느가 땅에 묻히는 광경을 일곱 명의 친구가 지켜보았다. 무덤에는 흰 바탕에 회색 무늬가 찍힌 화강석으로 만든 네모난 비석이 세워졌다. 살아서 가톨릭 신자가 되지 못했던 시몬느가 죽어서 가톨릭 신자가 된 셈이었다.

그녀의 사망증명서에는 이렇게 적혀 있었다. '폐결핵 및 영양실조에 의한 심근쇠약으로 일어난 심장마비.' 그리고 다시 첨부되어 있는 말은 '고인은 정신이 흥분되어 식사를 하려고 하지 않았고, 그 때문에 자신을 스스로 죽게 내버려 두었다고 할 수 있다.'

시몬느의 부모가 그녀의 사망 소식을 듣고 난 이틀 뒤, 시몬느의 마지막 편지가 배달되었다.

'지금은 너무 바빠서 편지를 쓸 시간이 없습니다. 써야 할 얘기도 머리에 떠오르지 않네요. 앞으로는 편지가 더 짧아질 것 같습니다. 자주 보내기 어려워 불규칙하게 보내게 될 것 같구요.'

죽은 시몬느가 쓰고 떠난 뒤늦은 편지에는 그녀의 병에 대해서는 단한 마디도 씌어 있지 않았다. 마지막 남긴 편지로는 너무 담담한 말투였다. 세상의 모든 불행을 자신의 것으로 감싸 안았던 시몬느는 마지막 순간까지 자신보다 타인을 생각한 것이다. 그녀는 불꽃처럼 타올랐던 인생을 버리고 순교자처럼 조용히 떠나갔다.

시몬느 베이유의 저서

시몬느 베이유의 책들은 모두 그녀가 죽은 뒤 출판되었다. 그녀가 죽기 전에 구스타브 티봉에게 맡겨 놓았던 원고 등을 엮어 책으로 묶어낸 것이다.

그녀의 책들은 여러 나라에서 번역되었고, 특히 《중력과 은총》은 제2차 세계 대전을 겪고 난 유럽인들에게 큰 반향을 불러일으켰다.

시몬느 베이유의 대표작으로는 《노동 일기》《중력과 은총》《신을 기다리며》《뿌리를 내리는 일》《철학강의》《억압과 자유》《신부님에게 보내는 편지》《일리아드 혹은 힘의 서사시》와 희곡 《구원받은 베네치아》가 있다.

일리아드

《일리아드》는 고대 그리스의 시인 호메로스의 작품으로 전하는 서사시이다. 호메로스는 유럽 문학사에서 가장 오래된 서사시 《일리아드》와 《오디세이》의 작가로 알려져 있다.

《일리아드》는 고대 국가 트로이의 별명 일리오스에서 유래한 것으로 '일리오스 이야기' 라는 뜻이다. 《일리아드》는 트로이 전쟁의 마지막 해에 일어난 사건들을 노래했다.

트로이 전쟁은 트로이 왕자 파리스에게 아내를 빼앗긴 스파르타의 왕 메넬라오스가 형 아가멤논과 함께 트로이 원정길에 나서 전쟁이 시작되었다. 그리스군의 아킬레우스와 오디세우스, 트로이군의 헥토르 등 숱한 영웅들이 치열하게 싸운 10년 동안의 전쟁은 〈트로이의 목마〉로 인해 그리스군의 승리로 끝났다.

오디세우스는 거대한 목마를 남기고 철수하는 위장 전술을 폈는데, 그것에 속은 트로이군은 목마를 성 안으로 들여 놓고 승리의 기쁨에 취했다. 목마 안에 숨어 있던 군사들이 새벽에 빠져나와 난공불락의 성문을 열었고, 그리스군이 쳐들어와 트로이성은 함락되었다.

《일리아드》는 유럽 문학에 큰 영향을 끼쳤으며, 트로이 전쟁은 많은 예술 작품에 영감을 불어넣어 주었다.

시몬느 베이유 연보

1909년 2월 3일 프랑스 파리에서 조산아로 태어남. 아버지는 유대
인 의사 베르나르 베이유, 오빠는 프린스턴 과학연구소 교
수로 활동한 세계적인 수학자 앙드레 베이유.

1914년 제1차 세계 대전이 일어나 군의관으로 참전한 아버지를 따
라 온 가족이 이사 다님.

1919년 나이보다 두 학급 위에 편입. 문학과 수학에 두각을 보임.

1920년 병으로 휴학을 하고 개인 교습을 받음.

1921년 그리스 어를 배우기 시작함. 파스칼의 《팡세》를 애독. 편두
통의 발작이 시작됨.

1925년 철학 전공의 대학 입학 자격시험에 합격. 앙리 4세 고등중학교에 입학. 철학자 알렝의 지도를 받기 시작함.

1928년 고등사범학교 문과에 입학. 다양한 사회 활동과 노동 운동에 적극적으로 참여하기 시작.

1930년 두통이 심해짐. 프랑스 식민지인 인도차이나에서 일어난 독립운동 기사를 읽고 식민지의 비극에 눈을 뜨게 됨.

1931년 7월에 고등사범학교를 졸업. 국립학교 철학 교사 자격시험에 합격. 10월에 르 퓌 국립여자고등학교 철학 교사로 부임. 탄광 광부들의 노동조합 활동을 지원함과 동시에 노동자들을 위한 강의를 담당.

1932년 여름에 독일을 여행. 10월에 오세르 국립여자고등학교로 전임. 스탈린주의를 비판.

1933년 로안으로 전임됨. 잡지 《프롤레타리아 혁명》지에 논문 〈우리들은 프롤레타리아 혁명으로 나아가고 있는 것인가〉를 발표해 러시아 혁명은 실패했다고 분석함. 논문 〈전쟁에 관한 고찰〉과 〈소비에트 연방의 문제〉 발표. 파리의 자택에 며칠 동안 머물렀던 트로츠키와 격렬하게 논쟁을 벌임.

1934년 1년간 연구 휴가를 얻음. 파리의 알스톰 전기회사에 프레스 공으로 취업함. 노동자들의 고통을 직접 체험한 것이 《노동 일기》의 기초가 됨.

1935년 건강상의 문제와 해고로 취업과 퇴직을 반복. 부상으로 공장 생활을 그만두고 포르투갈 여행. 포르투갈의 조그만 어촌 마을에서 기독교를 새롭게 깨달음. 부르제 고등여자중학교에 복직.

1936년 생 마르셀 지방의 농장에서 일함. 찰리 채플린의 〈모던 타임스〉를 보고 격찬. 8월, 스페인 내전에 인민전선 측 병사로 참전. 화상을 입어 귀국.

1937년 이탈리아 여행에서 신에게 기도.《억압과 자유》에 실리는 논문 〈마르크스주의의 모순에 대하여〉와 〈혁명적 진보에 관한 비판적 검토〉 집필. 생 캉탱의 여자고등학교에 부임.

1938년 두통이 악화되어 휴직. 영국 형이상학파 시인들에 매혹됨. 조지 허버트의 시 〈사랑〉을 애송. 성서 및 종교에 관련된 책들을 탐독함.

1939년 논문 〈일리아드, 또는 힘의 시편〉, 〈히틀러주의의 기원에 관한 고찰〉 집필. 제국주의 세계 제패의 해악을 증명한 논문 〈히틀러와 로마 제국의 내부 붕괴〉가 검열에 의해 출판 금지됨.

1940년 간호 부대 창설을 주장. 6월, 파리 함락. 남부 프랑스로 피난. 10월, 마르세유에 도착.

1941년 피난민 구제 사업에 힘씀. 페렝 신부를 알게 됨. 페렝 신부의 소개로 티봉의 농장에서 일함. 산스크리트 어를 배우고, 도교와 우파니샤드 등을 연구.

1942년 마르세유를 떠나 미국 뉴욕으로 망명. 11월 가족을 떠나 런던으로 향함. 드골 장군이 이끄는 '자유 프랑스'의 선언문 기초자로 활동.

1943년 두통과 식사 거부로 건강이 악화됨. 4월, 미들섹스 병원에서 급성 폐결핵 진단을 받음. 8월, 애슈퍼드의 요양소로 옮겨짐. 8월 24일 밤 10시 30분 사망.